Holt Spanish

Puente: Customized Level 2 Review

HOLT, RINEHART AND WINSTON

A Harcourt Education Company

Orlando • Austin • New York • San Diego • London

Reviewer
Bill Heller

ISBN 0-03-079639-3

5 6 7 8 9 170 10 09 08 07

Table of Contents

Table of Contents

To the Teacher

The *¡Exprésate! Puente: Customized Level 2 Review* provides you with a bridging tool to review the major vocabulary, grammar and culture topics of *Level 2 ¡Exprésate!* Whether students need to focus on specific topics or chapters, or do a global review of Level 2, the *Puente* can help them.

The Puente starts with two **Diagnostic Exams,** each of which reviews one semester of *Level 2 ¡Exprésate!* Each exam targets key vocabulary and grammar topics and takes one class period to administer. After each exam, you can use the **Diagnostic Rubric Charts** on pp. 13–17 to conduct an item analysis. From the results, you can tailor a review to the topics students missed the most.

The **Correlations Charts of *Student Edition* Chapters to *Puente* Topics** is another resource for creating a customized review packet. These charts, found on pp. vii-viii, show which *Puente* vocabulary and grammar topics review the material in a given *Level 2 ¡Exprésate! Student Edition* chapter.

The resources that you may select to create a review packet are listed in the *Puente's* **Table of Contents.** They include:

- 24 two-page **Vocabulary Topic Reviews,** with illustrated presentations followed by practice activities and listening activities included on the accompanying Audio CD;

- 30 two-page **Grammar Topic Reviews,** with a brief summary of the concept followed by practice activities and listening activities included on the Audio CD;

- 10 one-page **Geoculture Reviews,** with maps and puzzles that highlight geographic and cultural content from the Level 2 textbook.

Since each set of review sheets focuses on a single topic, Level 2 and 3 teachers will find many ways to use them to meet their students' needs and enhance program continuity.

Level 3 teachers may use some of the review sheets from Part 2 of the Level 2 *Puente,* to review, re-teach, or present Level 2 topics prior to beginning lessons that build on those topics in the Level 3 textbook. This might be helpful if students did not complete all ten chapters in Level 2. Level 3 teachers may also use the individual review sheets to help transfer students or students with extended absences to catch up. The **Correlations Chart** will be helpful in matching review sheets to lesson topics.

Level 2 teachers may use the *¡Exprésate! Puente* as an additional resource for review and reinforcement. Individual sets of review sheets can be used to review for the midterm or final exam; to give remedial practice after chapter testing; or to send to tutors for use with students who are absent for an extended time.

All *Puente* resources can be accessed on the *¡Exprésate!* **One Stop Planner.** These include the review sheets, exams, charts, answer keys and scripts listed in the *Puente's* **Table of Contents.**

We hope the *¡Exprésate! Puente* gives you one more tool to meet the diverse needs of your students and to help you build success and confidence in each one.

Holt Spanish   Puente: Customized Level 2 Review

v

Audio References

Track Number	*Puente* Section	Listening Activity	Scripts
1	Diagnostic	Exam 1, p. 1, Act. A	p. 6
2		Exam 2, p. 7, Act. A	p. 12
3	Part 1 Vocabulary	Tema 1, p. 20, Act. A	pp. 131–132
4		Tema 2, p. 22, Act. A	
5		Tema 4, p. 26, Act. B	
6		Tema 5, p. 28, Act. A	
7		Tema 6, p. 30, Act. B	
8		Tema 7, p. 32, Act. B	
9		Tema 10, p. 38, Act. B	
10		Tema 11, p. 40, Act. B	
11		Tema 12, p. 42, Act. B	
12	Part 1 Grammar	Tema 1, p. 44, Act. B	pp. 132–133
13		Tema 7, p. 55, Act. B	
14		Tema 9, p. 60, Act. B	
15		Tema 12, p. 66, Act. B	
16		Tema 13, p. 68, Act. B	
17		Tema 14, p. 70, Act. B	
18	Part 2 Vocabulary	Tema 13, p. 74, Act. B	pp. 137–139
19		Tema 14, p. 76, Act. B	
20		Tema 15, p. 78, Act. B	
21		Tema 16, p. 80, Act. B	
22		Tema 17, p. 82, Act. B	
23		Tema 18, p. 84, Act. B	
24		Tema 19, p. 86, Act. B	
25		Tema 21, p. 90, Act. B	
26		Tema 22, p. 92, Act. B	
27		Tema 23, p. 94, Act. B	
28		Tema 24, p. 96, Act. B	
29	Part 2 Grammar	Tema 17, p. 99, Act. B	pp. 139–140
30		Tema 22, p. 109, Act. B	
31		Tema 24, p. 114, Act. B	
32		Tema 25, p. 116, Act. B	
33		Tema 28, p. 122, Act. B	

Correlations of *¡Exprésate! Student Edition* Chapters to *Puente* Topics

To review core vocabulary and grammar topics in Chapters 1–5 of **Level 2 ¡Exprésate!**, refer to the corresponding **Puente** topics. Some topics contain lessons presented in more than one chapter. The concepts for these topics were grouped to provide a comprehensive review.

	Puente Vocabulary	*Puente* Grammar
Chapter 1	**Topic 1** Describing People **Topic 5** Helping Out at Home **Topic 14** Family	**Topic 1** The Present Tense **Topic 5** Using Infinitives **Topic 10** Verbs with Reflexive Pronouns
Chapter 2	**Topic 2** Professions **Topic 4** Inside the House	**Topic 2** *Gustar, Tocar and Parecer* **Topic 6** Preterite: Regular Forms **Topic 9** Direct and Indirect Object Pronouns
Chapter 3	**Topic 6** Places in the City **Topic 7** Asking for Directions	**Topic 4** *Conocer* and *Saber* **Topic 11** Impersonal *Se* and Passive *Se* **Topic 12** Informal Commands **Topic 13** Formal Commands
Chapter 4	**Topic 8** Parts of the Body **Topic 9** Accidents and Illnesses **Topic 11** Competitive Events	**Topic 3** *Ser* and *Estar* **Topic 7** Stem Changes and Spelling Changes in the Preterite
Chapter 5	**Topic 3** Socializing **Topic 10** Daily Routines **Topic 12** Hobbies and Pastimes	**Topic 8** Preterite: Irregular Forms **Topic 14** Possessive Adjectives and Possessive Pronouns **Topic 15** Negation

Correlations of *¡Exprésate! Student Edition* Chapters to *Puente* Topics

To review core vocabulary or grammar topics in Chapters 6–10 of *Level 2 ¡Exprésate!,* refer to the corresponding *Puente* topics. Some topics contain lessons presented in more than one chapter. The concepts for these topics were grouped to provide a comprehensive review.

	Puente L2 Vocabulary	*Puente* L2 Grammar
Chapter 6	**Topic 13** Describing Personality **Topic 15** Childhood Activities	**Topic 19** Reciprocal Actions and Reflexive Pronouns **Topic 24** Preterite with Mental and Emotional States **Topic 25** Imperfect: Regular and Irregular Forms
Chapter 7	**Topic 16** Meals **Topic 17** Ordering Food and Commenting on Food **Topic 18** Nutrition and Food Preparation	**Topic 16** Adverbs **Topic 18** Double Object Pronouns
Chapter 8	**Topic 19** Clothes **Topic 20** Trying on Clothes **Topic 21** Shopping at the Market	**Topic 17** Demonstrative Adjectives and Demonstrative Pronouns **Topic 20** *Por* and *Para* **Topic 21** Comparatives and Superlatives
Chapter 9	**Topic 22** Nature and Climate	**Topic 23** The Future Tense **Topic 26** Preterite and Imperfect for Storytelling **Topic 28** Subjunctive: Regular Forms **Topic 30** Subjunctive: Irregular Forms
Chapter 10	**Topic 23** Travel Preparation and Services **Topic 24** Vacation Activities	**Topic 22** The Present Perfect **Topic 27** Preterite and Imperfect: Summary of Uses **Topic 29** Subjunctive: Stem Changes and Spelling Changes

Evaluación: Primera etapa

A Listen to each statement. Then choose the answer that best tells what each one is
about. *(Some answers may be used more than once.)*

_____ **1.**

_____ **2.**

_____ **3.**

_____ **4.**

_____ **5.**

_____ **6.**

> **a.** daily routines
> **b.** professions
> **c.** describing someone
> **d.** asking where something is
> **e.** describing the inside of a house
> **f.** describing the inside of a school

B Vocabulario

_____ **7.** Alex is shy and a hard worker. His brother Rene is quite the opposite.
Choose the words that best describe Rene.
a. aburrido y gracioso
b. simpático y perezoso
c. extrovertido y perezoso
d. antipático y trabajador

_____ **8.** Paola has a toothache. Which of the following professionals should she
make an appointment with?
a. el médico
b. el dentista
c. el mecánico
d. el carpintero

_____ **9.** Choose the dialog that does *not* have a logical reply.
a. —¡Mario! ¿Qué hay de nuevo?
   —Lo de siempre.
b. —¿Cuánto tiempo hace que juegas al tenis?
   —Un mes. ¡Me encanta!
c. —Rosa, ¿quién es ese muchacho?
   —Ah, ese es Miguel. Él diseña páginas Web.
d. —Ana, te presento a mi hermano Raúl.
   —Vale. Que te vaya bien.

_____ **10.** Which of the following items does *not* belong in the kitchen?
a. la ducha
b. el lavaplatos
c. el horno
d. la estufa

   (1)

EVALUACIÓN: PRIMERA ETAPA

_____ **11.** Gloria's mom has told her that it is her turn to sweep the floor. Which of the following sentences expresses what her mom told her to do?
 a. Debes pasar la aspiradora.
 b. Hoy te toca barrer el piso.
 c. Te falta limpiar la cocina.
 d. Tienes que sacudir los muebles.

_____ **12.** Choose the dialog that has a logical reply.
 a. —Disculpe, ¿sabe usted dónde está la librería?
   —No estoy seguro... creo que a las cinco.
 b. —¿Me podría decir a qué hora cierra el café?
   —Está enfrente de la floristería.
 c. —¿Dónde compraste el pan?
   —Fui a la panadería.
 d. —¿Quién hizo el pastel?
   —Ana pasó por la oficina de correos.

_____ **13.** Óscar asks the receptionist at a medical building on which floor is Dr. Mendoza's office. Which of the following is the most likely response?
 a. Está en el sexto piso.
 b. Está a dos cuadras.
 c. Está enfrente de la zona verde.
 d. Está en la esquina, al lado del semáforo.

_____ **14.** Which of the following body parts is part of the face?
 a. la rodilla
 b. la mejilla
 c. la muñeca
 d. las uñas

_____ **15.** María was playing soccer and she twisted her ankle. Which of the following pieces of advice would her coach most likely give her?
 a. Lávate el tobillo y ponte una curita.
 b. Ponte ungüento.
 c. Ponte hielo y véndate el tobillo.
 d. Tómate este jarabe.

_____ **16.** Which of the following best expresses the correct order of a typical morning routine?
 a. darle de comer al gato, apagar las luces, cerrar la puerta con llave
 b. vestirse, ducharse, apagar las luces
 c. apagar las luces, desayunar, cerrar la puerta con llave
 d. cenar, agarrar la mochila, maquillarse

  (2)

EVALUACIÓN: PRIMERA ETAPA

_____ **17.** Which of the following would *not* be done inside a gym?
- **a.** levantar pesas
- **b.** lucha libre
- **c.** gimnasia
- **d.** equitación

_____ **18.** Érica does not like to spend time alone. She'd rather do things with her friends. Choose the activity she would most likely *not* enjoy doing.
- **a.** jugar naipes
- **b.** leer
- **c.** bailar
- **d.** practicar un deporte

C Gramática

_____ **19.** Which is the correct way to complete the following sentence?

Yo _____ los quehaceres todos los sábados.

- **a.** tengo
- **b.** hago
- **c.** tiene
- **d.** hace

_____ **20.** Choose the correct way to complete the following sentence.

A nosotros _____ _____ el helado de chocolate.

- **a.** nos, gustan
- **b.** os, gustan
- **c.** les, gusta
- **d.** nos, gusta

_____ **21.** Which sentence would you complete with the preterite of **ser?**
- **a.** La pizza _____ en el refrigerador.
- **b.** Mi hermanito _____ enfermo toda la noche.
- **c.** Mi diccionario _____ en casa de Ana.
- **d.** La fiesta de la niña _____ en el parque.

_____ **22.** How would you say that your father knows how to cook Cuban food?

Mi papá _____ cocinar comida cubana.

- **a.** sabe
- **b.** conozco a
- **c.** conoce
- **d.** sé

_____ **23.** Which is the correct way to complete the following sentence?

Yo acabo de _____ la nueva canción de Ricky Martin.

- **a.** escucho
- **b.** escuchar
- **c.** escuchando
- **d.** escuchas

EVALUACIÓN: PRIMERA ETAPA

_____ **24.** How would you say that you cut the grass last Sunday?
Yo _____ el césped el domingo pasado.

  a. corta
  b. cortó
  c. corté
  d. cortado

_____ **25.** How would you say that Carlos fell down yesterday?
Carlos se ca_____ ayer.

  a. -í
  b. -yó
  c. -ió
  d. -ísteis

_____ **26.** How would you say that last night you couldn't go to the movies with your friends?
Anoche, yo no _____ ir al cine con mis amigos.

  a. pude
  b. puede
  c. puedo
  d. pudo

_____ **27.** Choose the correct way to complete the following dialog.
—Nicolás, ¿vas a comprar esos zapatos?
—Sí, _____ voy a comprar.

  a. lo
  b. les
  c. las
  d. los

_____ **28.** Choose the correct way to complete the following sentence.
Luisa _____ dio un regalo a _____.
  a. me, mi amiga
  b. lo, Roberto
  c. se, ustedes
  d. les, Marisa y Ernesto

_____ **29.** How would you say that your father shaves every morning?
Mi padre _____ todas las mañanas.
  a. se afeita
  b. afeitarse
  c. me afeito
  d. se afeitan

      4

EVALUACIÓN: PRIMERA ETAPA

_____ **30.** Choose the correct way to say "Smoking is forbidden."

    a. No es bueno fumar.

    b. Prohíbo que fumes.

    c. Se prohíbe fumar.

    d. Se puede fumar.

_____ **31.** Choose the correct way to complete the following dialog.

    —Mamá, ¿puedo ir al concierto con mis amigas?

    —Sí, _____ y diviértete.

    a. vas   **c.** ve

    b. ven   **d.** ir

_____ **32.** How would a teacher tell the students to do their homework?

    _____ la tarea, por favor.

    a. Hacen

    b. Empiezan

    c. Empieza

    d. Hagan

_____ **33.** Choose the correct way to say "That is your pencil."

    Ese es _____ lápiz.

    a. tú

    b. tu

    c. nuestro

    d. mi

_____ **34.** Choose the sentence that answers the following question.

    —¿De quién es esa mochila?

    a. —No es mío.

    b. —Son suyas.

    c. —Es tuyo.

    d. —Es mía.

_____ **35.** To stay in shape, Karla always rides her bike in the morning. Tania and Dario never ride their bikes. They like to go running. Which of the following sentences is *true?*

    a. Tania nunca monta en bicicleta.

    b. A Darío no le gusta correr.

    c. Karla nunca monta en bicicleta.

    d. A Tania tampoco le gusta correr.

Evaluación: Primera etapa

Answers

A

1. a
2. e
3. b
4. d
5. c
6. a

B 7. c
8. b
9. d
10. a
11. b
12. c
13. a
14. b
15. c
16. a
17. d
18. b
19. b
20. d
21. d
22. a
23. b
24. c
25. b
26. a
27. d
28. d
29. a
30. c
31. c
32. d
33. b
34. d
35. a

Script

A CD 1 Tr. 1

1. Normalmente me levanto a las ocho de la mañana. Me gusta ducharme y vestirme antes de desayunar. Después de maquillarme salgo para el colegio.

2. Mi habitación es bastante grande. Tiene una mesita de noche, una lámpara, una cama y un televisor. Está enfrente de la cocina, en el primer piso de la casa.

3. Mi madre trabaja como secretaria en el taller de mi padre. Mi padre es mecánico. Por eso, él siempre sabe arreglar todos los carros.

4. Estoy en la puerta de tu salón de clases. Necesito encontrar el baño de señoras. ¿Me puedes decir dónde está?

5. Mi hermana es muy bonita y simpática. Tiene diez años y estudia en otro colegio de mi ciudad. Ella es trabajadora y muy seria. Por eso siempre saca buenas notas.

6. A mí me gusta cepillarme el pelo todas las mañanas. Después de desayunar, prefiero lavarme los dientes y vestirme. Normalmente escucho música cuando me visto en mi habitación.

Evaluación: Segunda etapa

A Listen to each statement. Then choose the answer that best tells what each statement is about. *(Some answers may be used more than once.)*

_____ **1.**
_____ **2.**
_____ **3.**
_____ **4.**
_____ **5.**
_____ **6.**

> **a.** someone's childhood
> **b.** preparing a meal
> **c.** plans for free-time activities
> **d.** a sports event
> **e.** looking for a place
> **f.** what happened on vacation

B Vocabulario

_____ **7.** Which of the following expresses the *opposite* of the underlined words?
Raquel es <u>callada y paciente</u>.

    a. conversadora e impaciente
    b. seria y obediente
    c. tímida y extrovertida
    d. chistosa y aventurera

_____ **8.** Which of the following is an *incorrect* definition of family relationships?
    a. Los hermanos de mi padre son mis tíos.
    b. Mi abuela es la madre de mi papá.
    c. La hermana de mi madre es mi tía.
    d. Mi primo es el hijo de mis abuelos.

_____ **9.** Cecilia and her brother Arturo did not like playing indoors as children. Choose the activity that they probably enjoyed the least.
    a. saltar a la cuerda
    b. columpiarse
    c. jugar a los videojuegos
    d. echar carreras

_____ **10.** Pablo prefers red meat and does not like green vegetables. Which item would he most likely order?
    a. ensalada de zanahorias y espinacas
    b. carne asada con plátanos fritos
    c. bróculi con queso
    d. pollo asado

EVALUACIÓN: SEGUNDA ETAPA

_____ **11.** Choose the dialog that does *not* have a logical reply.

    a. —¿Qué tal está el gazpacho?

      —Está sabroso. Pruébalo.

    b. —Dígame, ¿cuál es el plato del día?

      —Es lechón asado con gandules.

    c. —¿Te gustó el caldo de pollo?

      —¡No! Al caldo le falta sabor y está frío.

    d. —¿Qué nos recomienda para comer?

      —El café con leche está perfecto.

_____ **12.** Which of the following sentences is *not* logical?

    a. Se recomienda comer comida rápida porque lleva mucha grasa y mucha sal.

    b. Es buena idea comer comida nutritiva.

    c. No se debe comer tanto dulce.

    d. Hay que comer vegetales porque tienen muchas vitaminas.

_____ **13.** Maricarmen is getting ready to go to the beach. Which item does she need?

    a. un traje de baño   **c.** una bufanda

    b. unos guantes de seda   **d.** un saco

_____ **14.** Read what Leonardo says about the clothes he's trying on at a store, then choose the item he is most likely to buy.

Esta camiseta me queda apretada, pero el traje me queda perfecto. Me gustan esta camisa y esa corbata, pero no hacen juego. Y esos pantalones me quedan muy flojos.

    a. la camiseta

    b. el traje

    c. la camisa y la corbata

    d. los pantalones

_____ **15.** Verónica wants to buy a gift at the market for a friend who enjoys woodworking. Which item would Verónica most likely get?

    a. una máscara de madera

    b. un collar de plata

    c. una figura tallada de piedra

    d. un tejido de algodón

_____ **16.** Which of the following sentences is *not* logical?

    a. En la selva tropical hace mucho calor.

    b. Durante el invierno hace frío.

    c. Cuando hay una tormenta, se oyen los truenos.

    d. En el desierto siempre llueve a cántaros.

EVALUACIÓN: SEGUNDA ETAPA

_____ **17.** Choose the dialog that does *not* have a logical reply.

    a. —¿Desea pagar en efectivo o con tarjeta de crédito?

      —Pues, aquí tiene su propina.

    b. —¿Llevas tu cámara?

      —Sí, pero necesito comprar un rollo de película.

    c. —¿En qué le puedo ayudar?

      —Necesitamos hacer una reservación.

    d. —¿Dónde puedo encontrar información sobre la ciudad?

      —En la oficina de turismo le pueden dar una guía de turismo y un plano de la ciudad.

_____ **18.** Which of the following activities would you most likely be able to do in a tropical rainforest?

    a. hacer windsurf   **c.** ir al museo

    b. ir al zoológico   **d.** hacer ecoturismo

C Gramática

_____ **19.** Choose the sentence in which all of the adverbs are underlined.

    a. Generalmente, cenamos <u>temprano</u>.

    b. <u>Siempre</u> pido pescado con mucho arroz.

    c. <u>Ayer</u> comí <u>demasiado</u> y <u>rápidamente</u>.

    d. <u>Hoy</u> comeré poco y <u>lentamente</u>.

_____ **20.** How would you say that you like that car over there?

    A mí me gusta _____ carro.

    a. aquellas   **c.** esas

    b. aquel   **d.** este

_____ **21.** Choose the correct way to complete the following dialog.

    —Disculpe, ¿nos puede traer dos cafés?

    —Sí, en un momento _____ _____ traigo.

    a. se, los   **c.** nos, los

    b. les, lo   **d.** le, las

_____ **22.** Choose the correct way to complete the following sentence.

    Hijo, recoge los libros y _____.

    a. me las da   **c.** dámelos

    b. no me lo des   **d.** dame

_____ **23.** Which is the correct way to complete the following sentence?

    Mi hermana y yo _____ contamos todo.

    a. me   **c.** nos

    b. se   **d.** ti

EVALUACIÓN: SEGUNDA ETAPA

_____ **24.** Which sentence would you complete with **para?**
  a. El verano pasado, hice un viaje _____ tren.
  b. Anoche pasamos _____ tu casa y no estabas.
  c. ¿Te puedo hablar _____ teléfono?
  d. Vamos a la heladería _____ tomar un batido, ¿no?

_____ **25.** Laura believes that she and her sister Rosario are both equally intelligent. Which of the following sentences expresses how she feels?
  a. Rosario es tan inteligente como yo.
  b. Rosario es más inteligente que yo.
  c. Rosario es menos inteligente que yo.
  d. Yo soy la más inteligente de la familia.

_____ **26.** How would you ask a classmate if she has already done her math homework?
  ¿Ya _____ _____ la tarea de matemáticas?

  a. hiciste, hecho
  b. he, hecho
  c. has, hecho
  d. habéis, hecho

_____ **27.** Choose the correct way to complete the following sentence.
  Mañana yo _____ al museo de arte y después Inés y yo _____ para Nuevo México.

  a. fui, salimos
  b. iré, saldremos
  c. iremos, saldremos
  d. vamos a ir, vamos a salir

_____ **28.** Which is the correct way to answer the following question?
  ¿Qué hizo Sofía cuando supo la verdad?

  a. Te pusiste muy triste y te dieron ganas de llorar.
  b. Se ponía muy triste y le dieron ganas de llorar.
  c. Se pondrá muy triste y le van a dar ganas de llorar.
  d. Se puso muy triste y le dieron ganas de llorar.

_____ **29.** Choose the correct way to complete the following sentence.
  Ahora tú casi nunca vas al cine, pero antes siempre _____, ¿verdad?

  a. ibais
  b. ibas
  c. veníamos
  d. venías

EVALUACIÓN: SEGUNDA ETAPA

_____ **30.** Which is the correct way to begin this story?

_____ una vez una serpiente enorme que vivía en una cueva...

a. Había
b. Hay
c. Ha
d. Habrá

_____ **31.** Choose the correct way to continue the story.

Un día, dos muchachos _____ a la cueva de la serpiente. _____ las cinco de la tarde...

a. llegaban, Son
b. llegaron, Eran
c. llegaban, Fueron
d. llegaron, Era

_____ **32.** Choose the correct way to complete the following sentence.

Anoche Luis y yo _____ a la fiesta de Karla.

a. fuimos
b. íbamos
c. fueron
d. iban

_____ **33.** How would you tell your friend that you hope he or she has fun in Puerto Rico?

Espero que lo _____ bien en Puerto Rico.

a. pasar
b. pasaste
c. pases
d. pasa

_____ **34.** Choose the correct way to complete the following sentence.

Quiero que tú reco_____ la ropa que está en el piso.

a. -gas
b. -jes

c. -ges
d. -jas

_____ **35.** Which is the correct way to complete the following sentence?

Es importante que tú _____ honesto con ella.

a. seas
b. ser

c. eres
d. eras

Evaluación: Segunda etapa

Answers

A 1. c
2. a
3. c
4. b
5. f
6. e

B 7. a
8. d
9. c
10. b
11. d
12. a
13. a
14. b
15. a
16. d
17. a
18. d

C 19. c
20. b
21. a
22. c
23. c
24. d
25. a
26. c
27. b
28. d
29. b
30. a
31. b
32. a
33. c
34. d
35. a

Script

A CD 1 Tr. 2

1. Mamá y yo iremos a mi restaurante favorito. Tomaré un agua mineral y pediré el bistec a la parrilla.

2. Cuando era pequeña, no me llevaba bien con mi hermano Felipe. Nos peleábamos cada día.

3. Haré camping el lunes, bucearé el martes, y tú y yo saldremos a bailar cada noche. ¡Qué divertido será!

4. Estoy picando el ají y cortando la cebolla en trozos grandes para la salsa.

5. Me hice amigo de tres chicos en el Parque Nacional Big Bend. ¡Nuestro último día de vacaciones saltamos en paracaídas!

6. Ando buscando la pensión La Casa de Luz pero no la encuentro.

RUBRICS FOR EVALUACIÓN: PRIMERA ETAPA

Use the following correlations between the *Puente* **Diagnostic Exam Items** and their corresponding *Puente* **Review Topics** to develop your Customized Review Packet. By tallying students' incorrect answers to Exam 1, you can evaluate Vocabulary and Grammar Topics needing review.

	Incorrect Answers	**Vocabulary Topic: Part 1**
Exam Item **7**		**Topic 1** Describing People
Exam Item **8**		**Topic 2** Professions
Exam Item **9**		**Topic 3** Socializing
Exam Item **10**		**Topic 4** Inside the House
Exam Item **11**		**Topic 5** Helping Out at Home
Exam Item **12**		**Topic 6** Places in the City
Exam Item **13**		**Topic 7** Asking for Directions
Exam Item **14**		**Topic 8** Parts of the Body
Exam Item **15**		**Topic 9** Accidents and Illnesses
Exam Item **16**		**Topic 10** Daily Routines
Exam Item **17**		**Topic 11** Competitive Events
Exam Item **18**		**Topic 12** Hobbies and Pastimes

　(**13**)

RUBRICS FOR EVALUACIÓN: PRIMERA ETAPA

	Incorrect Answers	Grammar Topic: Part 1
Exam Item **19**		**Topic 1** The Present Tense
Exam Item **20**		**Topic 2** *Gustar, Tocar and Parecer*
Exam Item **21**		**Topic 3** *Ser* and *Estar*
Exam Item **22**		**Topic 4** *Conocer* and *Saber*
Exam Item **23**		**Topic 5** Using Infinitives
Exam Item **24**		**Topic 6** Preterite: Regular Forms
Exam Item **25**		**Topic 7** Stem Changes and Spelling Changes in the Preterite
Exam Item **26**		**Topic 8** Preterite: Irregular Forms
Exam Item **27** Item **28**		**Topic 9** Direct and Indirect Object Pronouns
Exam Item **29**		**Topic 10** Verbs with Reflexive Pronouns
Exam Item **30**		**Topic 11** Impersonal *Se* and Passive *Se*
Exam Item **31**		**Topic 12** Informal Commands
Exam Item **32**		**Topic 13** Formal Commands
Exam Item **33** Item **34**		**Topic 14** Possessive Adjectives and Possessive Pronouns
Exam Item **35**		**Topic 15** Negation

      (14)

RUBRICS FOR EVALUACIÓN: SEGUNDA ETAPA

Use the following correlations between the *Puente* Diagnostic Exam Items and their corresponding *Puente* Review Topics to develop your Customized Review Packet. By tallying students' incorrect answers to Exam 2, you can evaluate Vocabulary and Grammar Topics needing review.

	Incorrect Answers	Vocabulary Topic: Part 2
Exam Item 7		**Topic 13** Describing Personality
Exam Item 8		**Topic 14** Family
Exam Item 9		**Topic 15** Childhood Activities
Exam Item 10		**Topic 16** Meals
Exam Item 11		**Topic 17** Ordering Food and Commenting on Food
Exam Item 12		**Topic 18** Nutrition and Food Preparation
Exam Item 13		**Topic 19** Clothes
Exam Item 14		**Topic 20** Trying On Clothes
Exam Item 15		**Topic 21** Shopping at the Market
Exam Item 16		**Topic 22** Nature and Climate
Exam Item 17		**Topic 23** Travel Preparation and Services
Exam Item 18		**Topic 24** Vacation Activities

 （15）

RUBRICS FOR EVALUACIÓN: SEGUNDA ETAPA

	Incorrect Answers	Grammar Topic: Part 2
Exam Item **19**		**Topic 16** Adverbs
Exam Item **20**		**Topic 17** Demonstrative Adjectives and Demonstrative Pronouns
Exam Item **21** Item **22**		**Topic 18** Double Object Pronouns
Exam Item **23**		**Topic 19** Reciprocal Actions and Reflexive Pronouns
Exam Item **24**		**Topic 20** *Por* and *Para*
Exam Item **25**		**Topic 21** Comparatives and Superlatives
Exam Item **26**		**Topic 22** The Present Perfect
Exam Item **27**		**Topic 23** The Future Tense
Exam Item **28**		**Topic 24** Preterite with Mental and Emotional States
Exam Item **29**		**Topic 25** Imperfect: Regular and Irregular Forms
Exam Item **30** Item **31**		**Topic 26** Preterite and Imperfect for Storytelling
Exam Item **32**		**Topic 27** Preterite and Imperfect: Summary of Uses
Exam Item **33**		**Topic 28** Subjunctive: Regular Forms
Exam Item **34**		**Topic 29** Subjunctive: Stem Changes and Spelling Changes
Exam Item **35**		**Topic 30** Subjunctive: Irregular Forms

RUBRICS FOR LISTENING COMPREHENSION

Use the following criteria to evaluate listening comprehension of Listening Activity A in the *Puente* **Diagnostic Exams.**

	Correct Answers	Assessment
3	5–6 (out of 6)	Student understands all or most of what he hears on a variety of topics.
2	3–4 (out of 6)	Student understands about half of what he hears on a variety of topics.
1	0–2 (out of 6)	Student understands little or nothing of what he hears on a variety of topics.

     (17)

¿Cómo son?

REPASO DE VOCABULARIO

Juan es serio y tímido.

Verónica es atlética y extrovertida. No es gorda.

Gabriel es inteligente.

Adriana es trabajadora. No es perezosa.

Iliana y Eduardo son simpáticos. Iliana es bonita. Eduardo es guapo.

El gato Misifuz es antipático.

La gatita Minú es simpática.

Más vocabulario

romántico	aburrido	canoso
gracioso	travieso	joven

TEMA
1

REPASO DE VOCABULARIO

Actividades

A Listen to Alicia describe some of her friends. Look at each illustration and write **sí** if her description matches the picture or **no** if it does not.

1. _________ 2. _________ 3. _________ 4. _________ 5. _________

B A new student is describing her classmates, but keeps getting them confused. Correct her descriptions by contradicting her statements.

_____ **1.** —Mariela es baja.
       —No, es _____.
       a. tonta   **b.** pelirroja   **c.** alta

_____ **2.** —Pedro es tímido.
       —No, es _____.
       a. atlético   **b.** guapo   **c.** extrovertido

_____ **3.** —Carlos es simpático.
       —No, es _____.
       a. antipático   **b.** inteligente   **c.** trabajador

_____ **4.** —Daniela es seria.
       —No, es _____.
       a. baja   **b.** inteligente   **c.** graciosa

_____ **5.** —Rosa es activa.
       —No, es _____.
       a. tímida   **b.** perezosa   **c.** romántica

C Restate each sentence, using the opposite of the underlined word.

MODELO Marisa es <u>alta</u>. **No es baja.**

1. Diana es <u>trabajadora</u>. ___________________________________

2. Carlos y Claudio son <u>simpáticos</u>. _______________________

3. Alma es <u>extrovertida</u>. _________________________________

4. Rita y Juan son <u>jóvenes</u>. _______________________________

5. Pablo es <u>delgado</u>. ____________________________________

  20

Las profesiones

¿A qué se dedican mis vecinos?

El señor Rosales es médico. Él trabaja con los enfermeros en el hospital. Ellos cuidan a los enfermos.

Laura es programadora. Ella sabe diseñar páginas Web.

El señor Gómez es bombero. Él sabe apagar incendios.

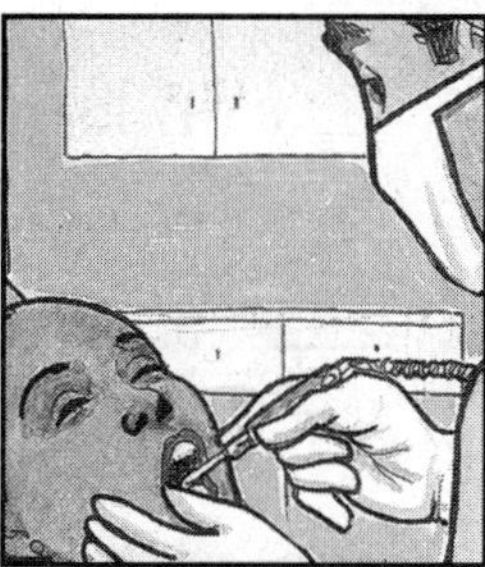

El señor Solares es dentista. Él sabe arreglar los dientes.

El señor Fuentes es periodista. Él cuenta las noticias en la televisión.

Rocío es mecánica. Ella sabe arreglar carros. Su tío es comerciante. Él compra y vende carros.

La señora Ríos es cocinera. Ella prepara la comida en un restaurante.

La señorita Gutiérrez es banquera internacional. Ella presta dinero y da consejos financieros a la gente.

El conductor sabe conducir camiones.

La mujer cartero nos trae el correo.

Más vocabulario

El policía y la mujer policía ayudan a la gente.

El profesor enseña español en el colegio.

Los carpinteros y los ingenieros saben construir edificios.

TEMA 2

REPASO DE VOCABULARIO

Actividades

A Escucha los comentarios. Empareja cada persona con su profesión.

_____ **1.** Ricardo

_____ **2.** la señorita Vargas

_____ **3.** la vecina de Luisa

_____ **4.** el señor Rodríguez

_____ **5.** la señora Borges

_____ **6.** Susana

> **a.** Es comerciante.
> **b.** Es programadora.
> **c.** Es bombero.
> **d.** Es enfermera.
> **e.** Es cocinero.
> **f.** Es banquera.

B Match each person with what he or she does.

_____ **1.** el periodista

_____ **2.** la enfermera

_____ **3.** el conductor

_____ **4.** la mujer cartero

_____ **5.** la cocinera

_____ **6.** el mecánico

> **a.** Cuenta las noticias.
> **b.** Nos trae el correo todos los días.
> **c.** Prepara comidas en un restaurante.
> **d.** Cuida a los enfermos.
> **e.** Conduce un autobús.
> **f.** Arregla carros.

C Write what each person does or what his or her profession is.

MODELO Papá sabe cuidar a los enfermos. **Es médico. (Es enfermero.)**

1. La Sra. Díaz es dentista. ________________________________

2. Mi tía diseña páginas Web. ________________________________

3. El Sr. Vidal enseña español. ________________________________

4. Rodrigo es bombero. ________________________________

5. Mamá compra y vende joyería. ________________________________

D Complete the paragraph with the correct profession.

Mi vecino de enfrente es **(1)** _______________ de camiones. Viaja mucho y casi nunca está en casa. Su esposa enseña español. Ella es **(2)** _______________. Mi vecino de al lado vende y compra artesanías. Él es **(3)** _______________. Su hija mayor es **(4)** _______________. Ella nos trae el correo todas las tardes. Su esposo es **(5)** _______________ de camiones.

Los encuentros

REPASO DE VOCABULARIO

—¿Qué música vas a poner?
—Pienso poner música para bailar. Nadie está bailando.
—¿Quién es el muchacho en el sofá? ¿Me lo presentas? Quiero bailar con él...

—¿Sigues diseñando páginas Web para turistas?
—Sí. Viajo a varios lugares de interés y saco muchas fotos.
—¡Qué fantástico! Algún día me gustaría conocer...

No conozco a nadie. Todavía no llegan Tomás y Cristina. Voy a llamarlos...

—¡Benito! ¡Tanto tiempo sin verte!
—¡Miguel! ¿Qué hay de nuevo?
—Lo de siempre...

—¡Gerardo! ¡Qué gusto verte!
—¡Rebeca! ¡Cuánto tiempo!
—¿Qué hay de nuevo? ¿Cómo están tus padres?
—Están muy bien, gracias.

—¿Cuanto tiempo hace que tocas la guitarra?
—Tres años.
—Tocas muy bien. A mí me gusta cantar.
—¡Estupendo! ¿Qué tal si cantas conmigo?
—Claro...

Más vocabulario

Chao, te llamo más tarde.
Cuídate.
Que te vaya bien.
Nos vemos.
¿Cómo estás?
¿Qué pasa? Te veo mal.

—Marta, te presento a mi mejor amiga Isabel.
—Mucho gusto, Isabel.
—Encantada. Adrián dice que eres cubana...
—Sí, soy de Cuba. Y tú, ¿de dónde eres?

Puente: Customized Level 2 Review

REPASO DE VOCABULARIO

Actividades

A Complete the following conversations, using the correct form of the words listed.

estar, encantado, conocer

—Hola, Renata, ¿cómo (**1**) _________________?

—Bien, Héctor. ¿Y tú?

—Bien, gracias. ¿(**2**) _________________ a mi amigo Lucas?

—Mucho gusto, Lucas.

—(**3**) _________________.

de nuevo, tanto tiempo, lo de siempre

—¡Rebeca! ¡(**4**) _________________ sin verte!

—¡Luisa! ¿Qué hay (**5**) _________________

— (**6**) _________________.

conocer, presentar, quién

—Héctor, ¿ (**7**) _________________ es esa muchacha? ¿La (**8**) _________________?

—Sí, se llama Renata. Es una compañera de clase.

—¿Me la (**9**) _________________? Quiero conocerla.

seguir, hace que, qué tal si

—¿Cuánto tiempo (**10**) _________________ juegas al tenis?

—Seis años. Y tú, ¿juegas al tenis?

—Sí, ya llevo tres años. ¿(**11**) _________________ jugamos mañana?

B Write what these people would say in the following situations.

1. Carlos and his friend Elías haven't seen each other in years.

—¡Elías, _________________________________!

—¡Carlos, qué gusto verte!

2. You want to know how long Doña Julia has been living in Honduras.

Doña Julia, ¿_________________________________?

3. You want to know if Sra. Ruiz is still teaching Spanish.

Profesora, ¿_________________________________?

4. You and your friend are saying goodbye. She tells you she'll call you later.

Chao, _________________________________.

   (**24**)

Mi casa

TEMA
4

REPASO DE VOCABULARIO

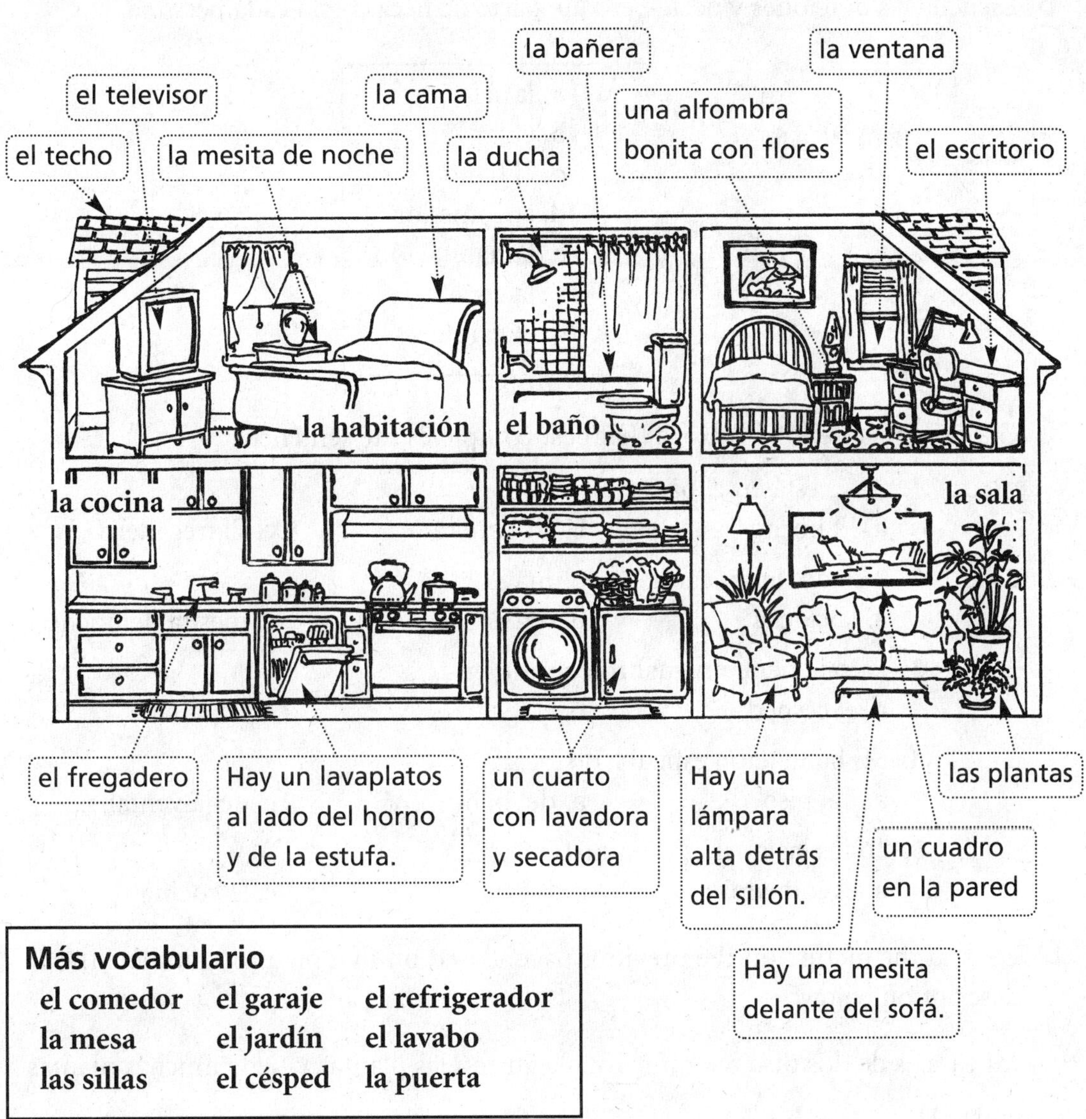

Más vocabulario

el comedor	el garaje	el refrigerador
la mesa	el jardín	el lavabo
las sillas	el césped	la puerta

Actividades

A Cross out the two things that do not belong to each room in the house.

1. la sala	**2. el baño**	**3. la cocina**	**4. la habitación**
el sillón	la ducha	el jardín	la cama
el televisor	el fregadero	el refrigerador	la secadora
la estufa	la lavadora	el lavaplatos	el césped
el horno	la bañera	el escritorio	la mesita de noche
la lámpara	el lavabo	la estufa	la ventana

(25)

REPASO DE VOCABULARIO

B Escucha las oraciones y decide en qué parte de la casa está cada persona.

_____ 1.

_____ 2.

_____ 3.

_____ 4.

_____ 5.

_____ 6.

> **a.** la sala
> **b.** el jardín
> **c.** el baño
> **d.** el comedor
> **e.** la habitación
> **f.** la cocina
> **g.** el garaje

C Choose the letter of the word that best completes the sentence.

_____ 1. _____ está en el baño.
   a. El horno   **b.** La bañera   **c.** El fregadero

_____ 2. Al lado de mi cama tengo una _____.
   a. lavadora   **b.** ducha   **c.** mesita de noche

_____ 3. La sala tiene un cuadro colgado en _____.
   a. el césped   **b.** el techo   **c.** la pared

_____ 4. Mi habitación está al lado _____.
   a. del piso   **b.** del baño   **c.** de la ventana

_____ 5. Todas las noches cenamos en _____.
   a. el comedor   **b.** la sala   **c.** la cocina

D Look at the picture on the previous page. Based on that picture, complete the description below.

Mi casa es de dos pisos. A mí mamá le gustan las plantas y tiene muchas plantas

en la (1) _______________________. Hay un cuadro grande colgado en la

(2) _______________________, encima del sofá. También hay una lámpara

colgada del (3) _______________________ y otra lámpara detrás

del (4) _______________________. Delante del sofá está la

(5) _______________________ donde ponemos revistas y libros para

leer. No vemos televisión en la sala, pero sí hay un televisor en la

(6) _______________________ de mis padres. En mi habitación está

mi (7) _______________________, donde hago la tarea. Me gusta leer en la

cama, y tengo una lámpara encima de la (8) _______________________ al lado

de mi cama.

Los quehaceres domésticos

REPASO DE VOCABULARIO

Los amigos de Matilde tienen que ayudar con los quehaceres de la casa. ¿Qué les toca hacer a ellos?

Papá y mamá están preparando la cena. A mí me toca poner la mesa.

A mí todavía me falta regar las plantas. Ya sacudí los muebles y barrí el piso.

A mí siempre me toca sacar la basura. ¡No es justo!

A veces tengo que cuidar a mi hermanita.

Matilde va a ayudar a su mamá a limpiar la casa. ¿Qué le dice su mamá?

Matilde, hoy te toca cortar el césped y pasar la aspiradora.

También debes hacer la cama y arreglar tu habitación.

> **Más vocabulario**
> **lavar la ropa/los platos/el carro**
> **darle de comer al perro/al gato**
> **limpiar el baño/la cocina**
> **organizar el escritorio**

Puente: Customized Level 2 Review

TEMA
5

REPASO DE VOCABULARIO

Actividades

A Listen as Héctor talks about his family's household chores. Based on his description, match each picture with the correct statement.

    a.   **b.**   **c.**   **d.**

1. ____   2. ____   3. ____   4. ____

B Complete the chores with the appropriate words in the box.

____ **1.** sacudir...

____ **2.** sacar...

____ **3.** barrer...

____ **4.** cortar...

____ **5.** lavar...

____ **6.** regar...

____ **7.** pasar...

> **a.** la basura
> **b.** los muebles
> **c.** el césped
> **d.** las plantas
> **e.** la aspiradora
> **f.** la ropa
> **g.** el piso

C Write the chore that needs to be done, using **tener que** or **deber**.

MODELO Las plantas necesitan agua.
        Debes regar las plantas.

1. Hay muchos platos en el fregadero.

____

2. No puedo encontrar nada en mi habitación.

____

3. Los cuadros y las lámparas tienen mucho polvo *(dust).*

____

4. La mesa no tiene platos, vasos, tenedores, cuchillos ni servilletas.

____

5. El perro tiene hambre, pero no tiene comida.

____

Holt Spanish

Puente: Customized Level 2 Review

(28)

En mi ciudad

REPASO DE VOCABULARIO

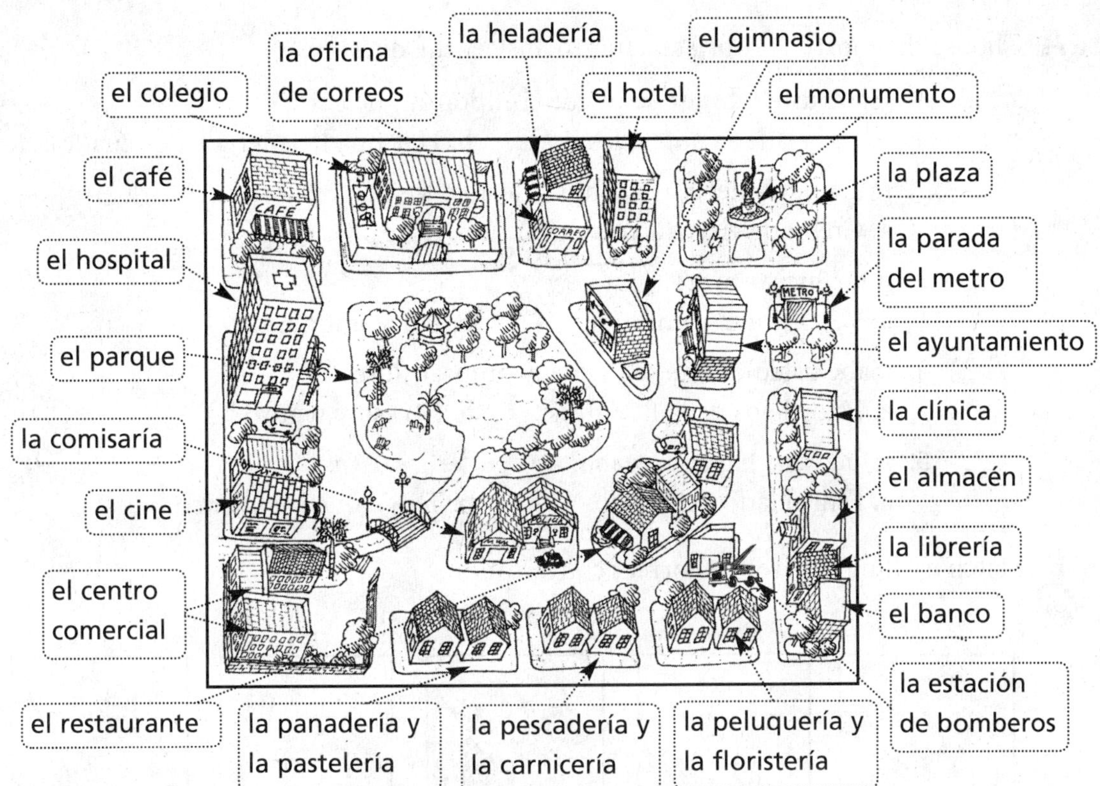

—Disculpe, ¿sabe dónde se puede sacar dinero?
—Sí, hay un banco a diez cuadras.

—¿Sabe usted dónde está el colegio?
—Está enfrente del Parque Central, al lado del café.

—¿Me podría decir a qué hora cierra el banco?
—No estoy seguro. Creo que a las cinco.

—¿Qué hiciste esta mañana?
—Tuve que pasar por el banco y hacer unas diligencias en el centro comercial.

—¿Qué vas a hacer esta tarde?
—Primero tengo que llevar unos libros a la biblioteca y después voy a dar una vuelta por el parque.

Puente: Customized Level 2 Review

REPASO DE VOCABULARIO

Actividades

A Choose the most appropriate letter to answer the question.

_____ **1.** ¿Sabe usted dónde se puede comprar un helado?
  a. La heladería abre a las once.   **b.** Hay una heladería a dos cuadras.

_____ **2.** ¿Me podría decir a qué hora cierra el centro comercial?
  a. Creo que cierra a las nueve.   **b.** Abre a las diez.

_____ **3.** ¿Qué hiciste ayer?
  a. Voy a ir a la comisaria   **b.** Fuí al gimnasio.

_____ **4.** ¿Sabe usted dónde se pueden comprar flores?
  a. Estoy lejos de la floristería.   **b.** No estoy seguro.

_____ **5.** ¿Qué vas a hacer mañana?
  a. Está al lado del banco.   **b.** Tengo que ir al banco.

B Match each picture to the correct conversation.

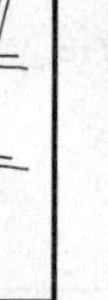

a.   b.   c.   d.   e.

1. _____   2. _____   3. _____   4. _____   5. _____

C Complete the conversations by writing the appropriate questions.

1. —Disculpe, ¿______________________________ la comisaría?
—Está al lado del hospital.

2. —Perdón, ¿______________________________ la oficina de correos?
—No estoy seguro, creo que abre a las diez.

3. —Disculpe, ¿______________________________ sacar dinero?
—Claro, hay un banco a dos cuadras de aquí.

4. —¿______________________________ ayer?
—Pasé por la oficina de correos y di una vuelta por la plaza.

5. —Disculpe, ¿______________________________ comprar ropa?
—Sí, claro, hay un centro comercial en la esquina.

   30

¡Siga adelante!

—Perdón, ¿las oficinas de Aeroviajes están en el segundo piso?
—No, están en el décimo piso.
—Perdón, ¿puede repetir lo que dijo?
—Sí, claro. Están en el décimo piso.

—Disculpe, ¿cómo podemos llegar al acuario?
—Hay que seguir derecho dos cuadras hasta llegar a la zona verde. Está al cruzar.

—Perdón, ¿voy bien para la autopista?
—Sí. Siga derecho hasta llegar al primer semáforo. Doble a la derecha y siga adelante hasta dar con la autopista.

Si estás en la estación de autobuses, ¿cómo vas a llegar a...

las oficinas de TeleVer?
Hay que seguir derecho por la calle Central tres cuadras. Está a la derecha, detrás de la clínica.

la zona verde?
—Está enfrente del supermercado. Hay que caminar en la acera. No se permite andar en el césped.

la embajada?
Tienes que seguir derecho por la calle Central una cuadra y doblar a la derecha. Está al lado de la catedral.

la tienda de comestibles?
Está más cerca el supermercado, aquí en la esquina.

Más vocabulario

primero	**quinto**	**noveno**
segundo	**sexto**	**décimo**
tercero	**séptimo**	
cuarto	**octavo**	

Actividades

A Complete the conversation by filling in the blanks with the words from the box.

semáforo	derecho	siga	cuadras	derecha

—Para llegar al café Internet, tiene que seguir (**1**)_____________________ hasta

el tercer (**2**)_____________________.

—¿Y cómo llego a la catedral?

—Hay que caminar hasta llegar a la esquina. Doble a la

(**3**)_____________________ y camine tres (**4**)_____________________.

B Mira el mapa e imagina que estás en la plaza. Determina si cada dirección que escuchas es **a**) correcta o **b**) incorrecta.

_____ 1.

_____ 2.

_____ 3.

_____ 4.

_____ 5.

_____ 6.

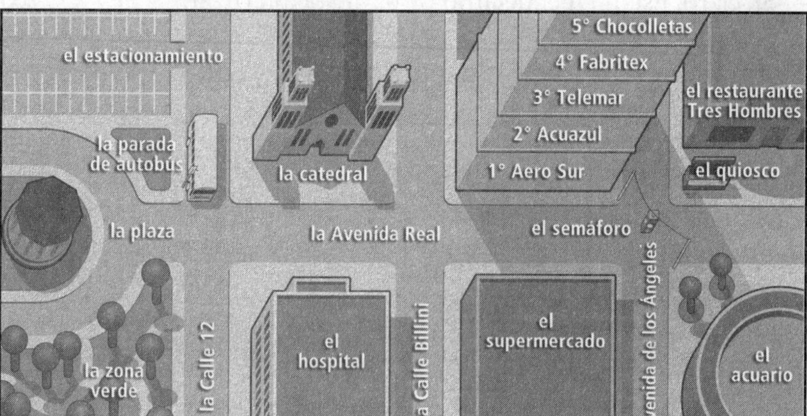

C Look at the map on the previous page. Your grandmother is at the bus station on Calle Central, facing towards Calle Alameda. Tell where she ends up if she follows these directions.

1. Camine derecho por la calle Central dos cuadras y doble a la derecha en calle Alameda. Siga adelante una cuadra. Está a la derecha.

____

2. Doble a la izquierda y siga adelante una cuadra. En la Avenida del Parque, doble a la derecha y siga hasta la calle Alameda. Es el edificio a la derecha.

____

3. Doble a la izquierda y siga adelante dos cuadras. Es el edificio a la izquierda.

____

4. Doble a la izquierda y siga adelante dos cuadras. Doble a la derecha y camine tres cuadras más. Está a la derecha. _____________________________________

Las partes del cuerpo

REPASO DE VOCABULARIO

la cara

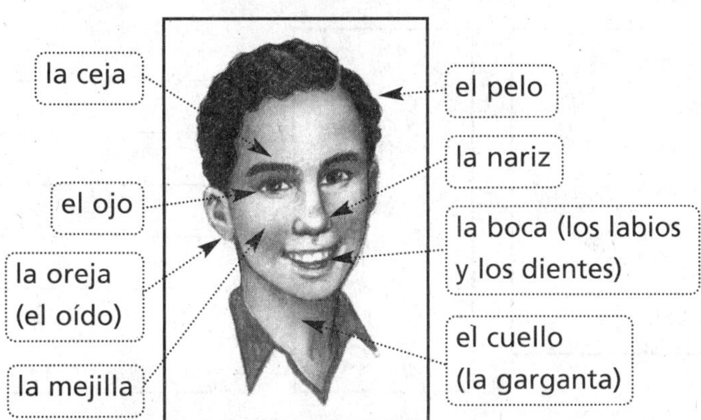

el cuerpo

Más vocabulario

la piel	las uñas
el cerebro	el corazón
el pulmón (los pulmones)	los huesos

Puente: Customized Level 2 Review

REPASO DE VOCABULARIO

Actividades

A Match the parts of the body to the picture.

| los huesos del pie
el corazón
la rodilla
el tobillo
el pulmón
el codo
el cerebro |

1. _______________________
2. _______________________
3. _______________________
4. _______________________
5. _______________________
6. _______________________
7. _______________________

B Write the part of the body being described.

1. The largest organ. It covers the entire body. _______________________

2. The organ that helps you remember and think.

   ____

3. The organ that helps you breathe. _______________________

4. These form the skeleton. _______________________

5. These help you to see. _______________________

6. These help you to hear. _______________________

7. The organ that helps to digest food. _______________________

8. If this is covered, you can't smell. _______________________

9. You use these to write. _______________________

10. The part of your face that rhymes with **rodilla.**

    ____

C Complete the following analogies.

muñeca	pie	corazón	codo

1. motor: auto :: _______________________ : cuerpo

2. mano: brazo :: _______________________ : pierna

3. tobillo: pie :: _______________________ : mano

4. rodilla: pierna :: _______________________ : brazo

Accidentes y enfermedades

REPASO DE VOCABULARIO

¿Qué consejos da la abuela?

Mario se cayó y se dio un golpe en la cabeza.
—¡Ten cuidado! Tómate unas pastillas.

Roberta se rompió el brazo.
—Tienes que ir al médico.

Fernando se quemó la cara con el sol.
—Ponte ungüento.

Luis tiene un dolor de cabeza horrible.
—Tómate unas pastillas y descansa un poco.

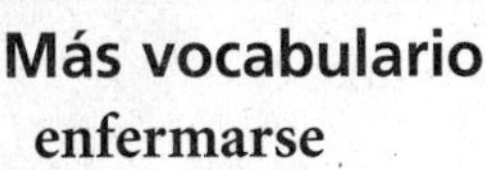

Abuelita

Esteban se cortó el dedo y ahora lo tiene infectado.
—Lávate el dedo y ponte una curita.

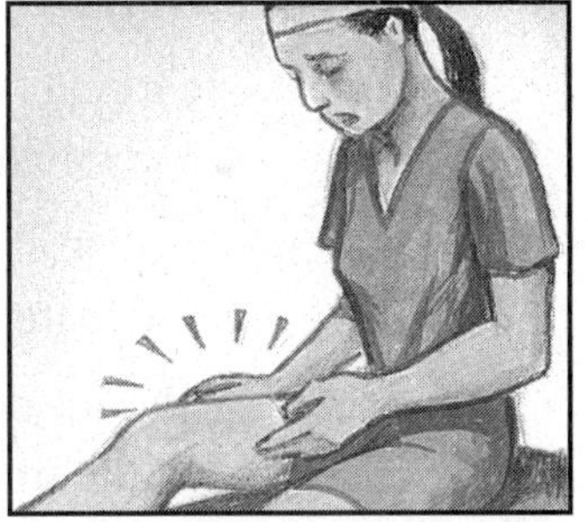

A Olga le dio un calambre en el muslo.
—Debes calentarte antes de hacer ejercicios.

Carla se torció el tobillo y lo tiene hinchado.
—Ponte hielo y véndate el tobillo.

Jorge está resfriado y le duele la garganta.
—Tómate este jarabe y quédate en cama.

Más vocabulario	
enfermarse	lastimarse
estornudar	dolerle

Puente: Customized Level 2 Review

Actividades

A Choose the best advice for each situation below.

_____ **1.** Estoy mal. Tengo tos.
      a. Tómate este jarabe.   **b.** Ponte una curita.

_____ **2.** Me torcí el tobillo.
      a. Véndatelo.   **b.** Ponte una curita.

_____ **3.** Me corté el dedo con un vaso.
      a. Quédate en cama.   **b.** Ponte una curita.

_____ **4.** Tengo un dolor de cabeza que no se me quita.
      a. Ponte ungüento.   **b.** Tómate unas pastillas.

_____ **5.** Me di un golpe en la cabeza.
      a. Tómate este jarabe.   **b.** Ponte hielo.

B Complete the sentences with the most logical phrase from the word boxes.

resfriado	infectado	quemarse	al doctor	hinchado

1. No me puse el sombrero y _________________ la cara con el sol.

2. Me corté el dedo y no me lo lavé después. Ahora lo tengo

_________________.

3. Me torcí el tobillo y no me puse hielo después. Ahora lo tengo

_________________.

4. Me caí y me rompí el brazo. Ahora tengo que ir _________________.

5. Hacía mucho frío y no me puse la chaqueta. Ahora estoy

_________________.

C Use the cues in parentheses to give advice for the following conditions.

1. Sara se torció el tobillo. (vendarlo)

____

2. A mí me dio un calambre en la pantorrilla. (calentarse y estirarse antes de...)

____

3. A Ana y a Rosa les duele la garganta. (tomarse...)

____

4. A Julio le duele la cabeza y está muy cansado. (descansar)

____

Las rutinas

REPASO DE VOCABULARIO

La Sra. Mella trabaja todo el día.

Se despierta y se levanta a las 5:30 de la mañana.

Se ducha y se viste para hacer yoga.

A las seis en punto hace yoga por 45 minutos.

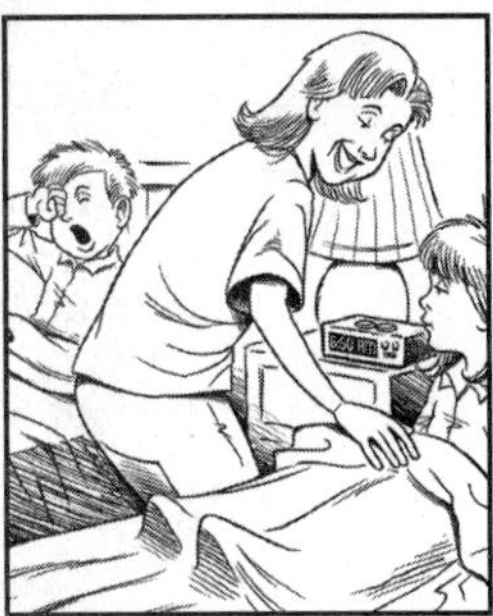

Despierta a sus hijos a las siete menos cuarto.

Mientras sus hijos se visten, ella prepara el desayuno.

Pablito siempre agarra su mochila antes de desayunar. La Sra. Mella le da de comer al gato.

Todos tienen que lavarse los dientes y peinarse. Nadie se maquilla. Pablito no se afeita.

Casi siempre se recuerda de apagar las luces. Nunca se olvida de cerrar la puerta con llave.

Después de dejar a sus hijos en el colegio, la Sra. Mella tiene que hacer diligencias.

Al mediodía ella almuerza con sus amigas. También hace diseño por computadora.

Después de recoger a sus hijos, ella prepara la cena. Por la noche por fin puede descansar.

Más vocabulario
pintarse las uñas
traer el paraguas
arreglarse
acostarse

Holt Spanish

Puente: Customized Level 2 Review

REPASO DE VOCABULARIO

Actividades

A Put what Mrs. Nájera does every morning in logical order, starting with **a.**

_____ **1.** Me despierto y me ducho.

_____ **2.** Me maquillo después de lavarme los dientes.

_____ **3.** Agarro el paraguas y apago las luces.

_____ **4.** Cierro la puerta con llave.

_____ **5.** Desayuno antes de lavarme los dientes.

_____ **6.** Me visto.

B Listen to the sentences. Then match each picture with the correct sentence.

a.　　　b.　　　c.　　　d.　　　e.

1. ____　2. ____　3. ____　4. ____　5. ____

C Write what people need to do using the art as a cue.

1.　　　2.　　　3.　　　4.　　　5.

Necesito...

1. ____.

2. ____.

3. ____.

4. ____.

5. ____.

Las competencias

Para ganar, hay que entrenarse bien.

la natación
(nadar)

el béisbol

la lucha libre

las artes marciales

la gimnasia

el atletismo
(correr)

el básquetbol

el debate

la equitación
(montar a caballo)

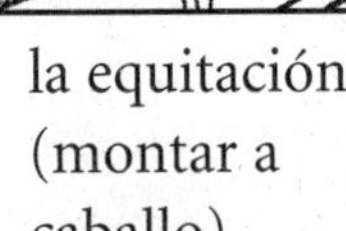

—¿Cómo te fue en la competencia de fútbol?
—Me fue mal… fatal. Fue un fracaso.
—¿Cuál fue el puntaje?
—Perdimos por 0 a 6.

—¿Qué tal estuvo la competencia de patinaje sobre hielo?
—Estuvo increíble. Ganamos. Fue todo un éxito.

Más vocabulario
empatar
jugar al golf
patinar
el equipo de fútbol americano
el esquí acuático
el entrenamiento
la oratoria

Holt Spanish

Puente: Customized Level 2 Review

TEMA
11

Actividades

A Match each word with the appropriate description.

_____ **1.** Las personas que practican este deporte nadan mucho.

_____ **2.** Esto nos dice quién esta ganando un partido.

_____ **3.** Tener el mismo puntaje

_____ **4.** Necesitas hacer esto para participar en las competencias.

_____ **5.** Este deporte se practica en un lago con una lancha.

> **a.** empatar
> **b.** entrenarte
> **c.** el esquí acuático
> **d.** el puntaje
> **e.** el atletismo
> **f.** la natación

B Escucha las conversaciones. Determina si a cada persona le fue bien o mal y escribe la actividad en la columna correcta.

| el golf | la lucha libre | la natación | el debate | el atletismo |
| el patinaje en línea | el patinaje sobre hielo | la equitación |

	BIEN	**MAL**
1.	______________	______________
2.	______________	______________
3.	______________	______________
4.	______________	______________
5.	______________	______________
6.	______________	______________

C Match each drawing to its description. Then write the name of the sport described.

a. b. c. d.

_____ **1.** En este deporte dos personas se agarran y se tumban (knock down).

____________________ ____________________

_____ **2.** Se corre mucho. ____________________

_____ **3.** Se monta a caballo. ____________________

_____ **4.** Hay que ser muy fuerte (strong) y muy flexible. ____________________

Los pasatiempos

¿Cómo pasas el rato libre?

¿Te gusta trabajar en mecánica?

¿Quisieras jugar naipes con nosotros?

¿Quieres aprender a tocar la guitarra? Puedes tomar clases conmigo.

¿Sabes tocar el piano? ¿Te interesa dibujar o pintar?

—Voy con ustedes al centro comercial. Puedo escuchar música y leer revistas mientras van de compras.

—De acuerdo. ¿Por qué no nos reunimos en la plaza de comidas al lado del cine? Podemos ver una película a las 4:20.

A mí me encantan los deportes al aire libre.

Me canso de leer. Prefiero pasar el rato con Maite y escuchar música y bailar. Ella nunca se aburre.

Nosotros disfrutamos estar juntos. Mi hijo colecciona estampillas y mi hija lee cuentos. A mí me gusta tejer bufandas y suéteres, pero me llama más la atención coser vestidos de gala.

A nosotras nos gusta hacer diseño por computadora. Estamos diseñando una página Web para el club de Cibernautas. Hace dos años que participamos en el club.

> **Más vocabulario**
> **hacer crucigramas**
> **crear un album**
> **alquilar DVDs**
> **pasar el rato solo**

REPASO DE VOCABULARIO

Actividades

A Match the pictures with the sentences below.

a.   b.   c.   d.   e.

_____ **1.** A mi padre le gusta trotar.

_____ **2.** A mis amigos y a mí nos gusta jugar naipes.

_____ **3.** A mi hermana mayor le gusta tomar clases de guitarra.

_____ **4.** A mi hermano Manuel le gusta hacer crucigramas.

_____ **5.** A mí me gusta hacer diseño por computadora.

B Escucha mientras las personas hablan de algunos pasatiempos. Identifica el dibujo que corresponde a lo que dice cada persona.

a.   b.   c.   d.

1. _____   2. _____   3. _____   4. _____

C Complete the sentences with the logical hobbies and pastimes vocabulary.

1. Me gusta trabajar en la computadora. Sé diseñar

_________________ Web.

2. Mi hermano es muy tranquilo y le gusta pasar _________________ sólo.

3. Mi prima sabe _________________. Me hizo un suéter muy bonito.

4. A mi abuela le divierte _________________ álbums de fotos.

5. Mi tío Carlos sabe _________________ el piano y el violín.

   (42)

The Present Tense

▶ Use the present tense to say what someone does on a regular basis.

▶ To conjugate regular verbs, replace the **-ar** or **-er/-ir** infinitive ending.

cant~~ar~~		com~~er~~		escrib~~ir~~	
cant**o**	cant**amos**	com**o**	com**emos**	escrib**o**	escrib**imos**
cant**as**	cant**áis**	com**es**	com**éis**	escrib**es**	escrib**ís**
cant**a**	cant**an**	com**e**	com**en**	escrib**e**	escrib**en**

▶ In stem-changing verbs, the vowel changes in all but the **nosotros** and **vosotros** forms.

e → ie		o → ue		u → ue	
p**ie**nso	pensamos	d**ue**rmo	dormimos	j**ue**go	jugamos

▶ These verbs have irregular **yo** forms.

dar: **doy**	hacer: **hago**	poner: **pongo**	salir: **salgo**
tener(ie): **tengo**	traer: **traigo**	venir(ie): **vengo**	ver: **veo**

▶ These verbs have irregular forms.

ir		decir	
voy	vamos	digo	decimos
vas	vais	dices	decís
va	van	dice	dicen

Actividades

A For each sentence, identify the conjugated verb and its ending. Then tell which type of verb each is: regular (R), stem-changing (SC), or irregular (I).

	Conjugated Verb	Verb Ending	Verb Type
1. Mis amigos cantan en la clase de música			
2. Los profesores también comen en la cafetería.			
3. Yo duermo ocho horas cada noche.			
4. Los estudiantes van al gimnasio después de clases.			
5. Mis padres y yo salimos los viernes.			

REPASO DE GRAMÁTICA

B Escucha las oraciones y decide si la persona habla
a) de sí mismo(a) *(himself or herself)*
b) de otra persona *(someone else)*
c) de sí mismo(a) con otra persona u otras personas

1. _____ 2. _____ 3. _____ 4. _____ 5. _____ 6. _____

C Lalo and Javi are making plans. Choose the correct completion for each sentence.

_____ **1.** Lalo, (yo) _____ ganas de salir esta noche.
   a. tienen   **b.** tengo   **c.** tienes

_____ **2.** Javi, los González van a hacer una fiesta. ¿_____ ir conmigo?
   a. Quiero   **b.** Queremos   **c.** Quieres

_____ **3.** Sí. Me encantan sus fiestas. Ellos siempre _____ comida muy rica.
   a. sirven   **b.** servimos   **c.** sirves

_____ **4.** Después de comer, nosotros _____ bailar toda la noche.
   a. puede   **b.** podemos   **c.** puedo

_____ **5.** Y no tenemos que _____ nada. Bueno, un regalo para la señora
   Gónzalez. Hoy es su cumpleaños.
   a. traemos   **b.** traigo   **c.** traer

_____ **6.** Yo siempre _____ la verdad.
   a. dicen   **b.** decir   **c.** digo

_____ **7.** Mis primos _____ con mis tíos los fines de semana.
   a. salgo   **b.** sale   **c.** salen

D Complete the paragraph with the present tense form of the verb in parentheses.

Por la mañana yo **(1)** ___________________ (hacer) la tarea antes de ir a

clases. Mi mejor amiga Claudia **(2)** ___________________ (venir) a mi casa

y nosotras **(3)** ___________________ (ir) al colegio en bicicleta. En el

colegio, mis compañeros de clase y yo **(4)** ___________________ (hablar)

con los profesores de la tarea. Yo **(5)** ___________________ (almorzar) con

Claudia y ella me **(6)** ___________________ (hablar) de sus clases. Después

de clases, algunos compañeros **(7)** ___________________ (practicar)

deportes en el gimnasio y otros compañeros **(8)** ___________________

(volver) a casa.

     44

Gustar, Tocar, and *Parecer*

TEMA 2

REPASO DE GRAMÁTICA

> ► Use **gustar** to tell what people like or don't like. If what is being liked is a singular noun or an infinitive, use **gusta.** If it is plural, use **gustan.**
>
> No **me gusta** bailar.   **Me gustan** los deportes.
>
> ► Use **tocar** to say what people's duties or responsibilities are. It is usually used in its singular form, **toca,** with infinitives.
>
> **Me toca** lavar el carro.   **Me toca** cortar el césped y arreglar el carro.
>
> ► Use **parecer** to give your opinion, to say what things seem like. It is usually used in its singular form, **parece,** followed by an adjective, to comment on activities. It is used in its plural form, **parecen,** to comment on plural nouns.
>
> No quiero cuidar a mis primos.   Las películas románticas **me parecen**
> Me **parece** injusto.   aburridísimas.
>
> ► To clarify or emphasize, use **a** followed by a pronoun or the person's name.
> **A Ramón** le gusta la pizza, pero **a mí** me gustan las hamburguesas.

Actividades

A Complete the sentences using the correct pronouns and verb forms below.

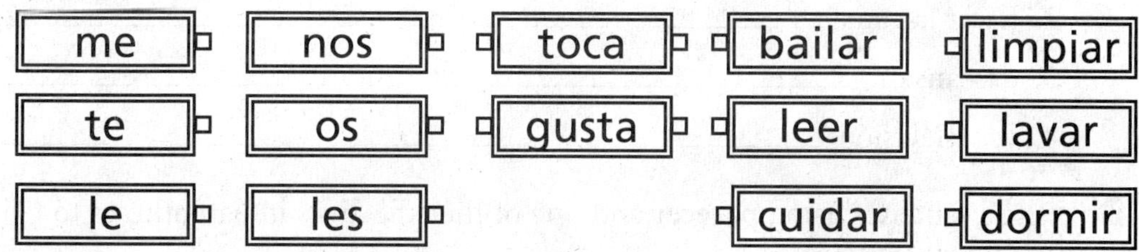

MODELO **A ti <u>te toca lavar</u> la ropa hoy.**

1. A Rocío _________________ el baño.

2. A ustedes _________________ en las fiestas.

3. A nosotros _________________ los platos.

4. A mí _________________ revistas de turismo.

5. A vosotros _________________ libros de aventuras.

6. A Felipe y a mí _________________ el garaje.

7. A ti _________________ a tus primos este fin de semana.

8. A Carmen y a ti _________________ al ritmo de la música jazz.

      45

B Write a sentence saying which thing you think these people like more.

MODELO Diego es perezoso. (hacer ejercicio/ver televisión)
Le gusta más ver televisión.

1. Lili es romántica. (las novelas de amor/las novelas de terror)

____

2. Jorge es muy extrovertido. (pasar el rato solo/las fiestas)

____

3. Roberto y Luis son muy serios. (hablar de política/bailar)

____

4. Carolina es aventurera. No es nada romántica. (las películas de ciencia ficción/las películas de amor)

____

C Alberto has to do all the chores today. His sisters get to have all the fun. Tell whose turn it is to do what.

MODELO limpiar el baño **Le toca a Alberto.**
jugar en el jardín **Les toca a sus hermana**s.

1. lavar los platos ____

2. hacer la cama ____

3. descansar ____

4. ver televisión ____

D Write a sentence using **parecer** and one of the adjectives in parentheses to tell what you think of the following things.

MODELO hacer los quehaceres (divertido/aburrido)
Me parece aburrido.

1. ir al colegio (interesante/aburrido)

____

2. los exámenes de español (fascinantes/difíciles)

____

3. jugar al básquetbol (fácil/difícil)

____

4. ver televisión (fenomenal/terrible)

____

Holt Spanish

Puente: Customized Level 2 Review

Ser and *Estar*

REPASO DE GRAMÁTICA

> ▶ **Ser** and **estar** both mean *to be* in Spanish, but they have different uses.
>
> ▶ Use a form of **ser**
> - to tell who someone is
> - with the preposition **de,** to tell where someone is from
> - with adjectives, to describe someone or something
> - to tell the day, date, and time
> - to give phone numbers, addresses, and e-mail addresses
> - with adjectives, to tell what foods or drinks are normally like
>
> ▶ Use the preterite of **ser** to say where an event took place, how someone did, or to sum up what someone or something was like.
> El partido de fútbol **fue** en el parque.
> ¡La competencia **fue** todo un éxito!
>
> ▶ Use a form of **estar**
> - with **en** or another preposition, to tell where people and things are
> - with adjectives, to tell how someone is feeling
> - with adjectives, to tell how something looks, tastes, or feels at a particular moment
>
> ▶ Use the preterite of **estar** to say where someone or something was or to say how someone felt for a certain period of time. You can also use it with adjectives to give your opinion.
> **Estuve** enfermo toda la semana.
> ¿La fiesta de Gabriela? **¡Estuvo** fenomenal!

Actividades

A Circle the correct verb forms to complete the sentences.

1. Alex _____ de Los Ángeles.   es   está

2. Eduardo _____ estudiante.   es   está

3. Mi mamá _____ muy cansada.   es   está

4. _____ la una de la tarde   es   está

5. ¿Qué tal _____ la fiesta de Noche Vieja?   fue   estuvo

6. Marisa _____ enferma toda la noche.   fue   estuvo

7. La fiesta _____ en casa de Arturo.   fue   estuvo

REPASO DE GRAMÁTICA

B Tell whether each sentence is about **a)** how food normally tastes, **b)** who someone is, **c)** time of day, **d)** where someone was, or **e)** none of the above. Then circle the form of **ser** or **estar.**

_____ 1. La señora Gómez es mi profesora de matemáticas.

_____ 2. Los estudiantes estuvieron en la clase toda la tarde.

_____ 3. El concierto fue en el auditorio.

_____ 4. Son las nueve de la mañana. Tengo que irme.

_____ 5. Esta hamburguesa está rica.

C Andrés is describing an art competition he attended with some other students. Complete each sentence with the correct preterite form of **ser** or **estar.**

1. La competencia _________________ en Ciudad Hermosa.

2. Nosotros _________________ en Ciudad Hermosa por tres días.

3. Yo _________________ enfermo los primeros dos días.

4. Pero a los otros les _________________ muy bien, y nuestro colegio ganó.

5. La competencia _________________ increíble.

D Complete the conversation between two coaches about how their teams did last month. Use the correct preterite form of **ser** or **estar.**

—El mes pasado (1)_________________ difícil para mi equipo. Nosotros

estuvimos de viaje muchos días.

—A nosotros nos fue bastante bien. Ganamos una competencia que

(2)_________________ buenísima.

—¿Dónde (3)_________________ Uds. el fin de semana pasado? La competencia

(4)_________________ en Texas, ¿no?

—Sí. Mi equipo y yo (5)_________________ en Houston por tres días y todo

(6)_________________ increíble.

—Entonces, (7)_________________ todo un éxito para ti y

(8)_________________ fatal para nosotros.

—Bueno, los puntajes de nuestros equipos (9)_________________ diferentes.

Conocer and *Saber*

▶ In Spanish two words are used to express *to know:* **saber** and **conocer.** They both have irregular **yo** forms in the present tense.

   yo **sé**   yo **conozco**

▶ **Saber** is used to say that you *know specific information* or with **de** to say that you *know about something.* It is also used with an infinitive to say that you *know how to do something.*

   Sabemos la dirección de Esmeralda. Ella vive en Calle Independencia.

   Mi amiga Pilar **sabe** bailar muy bien. También **sabe** mucho **de** la música de Cuba.

▶ **Conocer** is used to say that you *know or are familiar with people, places or things.* Remember to use the personal **a** when the direct object is a person.

   Conozco bien la música de Shakira.   **¿Conocen a** la nueva maestra?

▶ You can also use the infinitive or preterite of **conocer** to mean *to meet someone* or *to get to know a place for the first time.*

   ¿Quieres **conocer** a mi profesor?   Nunca los **conocimos.**
   Would you like to meet my professor?   *We never met them.*

Actividades

A Tell whether each sentence is about **a)** knowing information, **b)** knowing how to do something, **c)** knowing a person, **d)** knowing a place, or **e)** meeting someone.

_______ **1.** La madre de Ana sabe usar el DVD.

_______ **2.** ¿Conoces bien la ciudad?

_______ **3.** Yo sé escribir en chino.

_______ **4.** Mi abuela sabe mucho de arte.

_______ **5.** Mi prima conoció a Gwyneth Paltrow.

_______ **6.** ¿Sabes nadar bien?

_______ **7.** ¿Quieres conocer a mis padres?

_______ **8.** No sé dónde vive mi tío.

_______ **9.** Yo no sé nada de mecánica.

_______ **10.** Nunca conocí a mi abuelo.

    49

TEMA
4

REPASO DE GRAMÁTICA

B Write the correct verb in the blanks.

1. Hortensia _________________ (sabe/conoce) cantar muy bien.

2. ¿Tú _________________ (sabes/conoces) dónde está su casa?

3. Ustedes _________________ (saben/conocen) hablar alemán.

4. Yo _________________ (sé/conozco) a la tía de María Luisa.

5. La mujer policía _________________ (sabe/conoce) bien el vecindario.

6. ¿Ella ya _________________ (sabe/conoce) conducir?

C Complete the sentences with the correct form of **saber** or **conocer**.

MODELO **Mi vecina <u>sabe</u> cortar el pelo y <u>conoce</u> bien la última moda.**

1. Mis abuelos _________________ bien la comida china y _________________ preparar bien los platos chinos.

2. Yo _________________ programar computadoras.

3. Mi padre _________________ conducir muy bien y _________________ toda la ciudad.

4. Mi primo _________________ cuidar a los enfermos. _________________ a muchos médicos y los ayuda.

5. Mi tío _________________ el vecindario y _________________ apagar incendios.

6. Mi padre y yo _________________ diseñar aviones.

D Write questions in Spanish according to the instructions.

1. Ask your friend if she knows how to get to the restaurant.

____

2. Ask your friend if he met the new student.

____

3. Ask your teacher if he knows the student's name.

____

4. Ask the professor if she knows how to read German.

____

   50

Using Infinitives

TEMA
5

REPASO DE GRAMÁTICA

▶ The **infinitive** is the form of a verb that is not conjugated and ends in
-**ar**, -**er**, or -**ir.**

    bail<u>ar</u> *to dance*   **corr<u>er</u>** *to run*   **viv<u>ir</u>** *to live*

▶ The infinitive can be used after...

- prepositions such as **antes de, después de,** and **para**
  Siempre hago ejercicio **antes de** <u>salir</u> para el colegio.

- the expressions **acabar de, pensar,** and **ir a** to say what someone *just did,*
  plans to do, or *is going to do*
  Beatriz **acaba de** <u>hablar</u> con Juan. **Van a** <u>salir</u> esta noche.

- the expressions **tener que, necesitar,** and **deber** to say what someone *has to*
  do, needs to do, or *should do*
  Yo **necesito** <u>lavar</u> el coche, y mi hermano **tiene que** <u>limpiar</u> su cuarto.

- the expressions **querer** and **tener ganas de** to say what someone *wants to*
  do or *feels like doing*
  José **tiene ganas de** <u>ir</u> al centro comercial, pero su novia **quiere** <u>descansar</u>.

- the verb forms **gusta** and **gustaría** to say what someone *likes to do* or *would*
  like to do
  Me **gusta** <u>ir</u> al cine. Me **gustaría** <u>ir</u> esta noche, pero no puedo.

▶ Remember that object and reflexive pronouns can be attached to infinitives.
  No **me** quiero bañar hoy. Quiero bañar**me** mañana.
  Acabo de comprar un libro, pero no tengo tiempo para leer**lo.**

Actividades

A Write the correct verb form in the blank.

1. A mis amigos no les gusta _______________ (dormir/duermen) por la
   tarde.

2. Siempre uso lápiz para _______________ (dibujar/dibujo).

3. Yo nunca nado después de _______________ (comer/como).

4. ¿Cuándo _______________ (querer/quieres) tú ir al cine?

5. Nosotros _______________ (tenemos/tener) que hacer la tarea esta noche.

6. Me gusta _______________ (pido/pedir) arroz con pollo en ese
   restaurante.

    51

TEMA 5

REPASO DE GRAMÁTICA

B Fill in the blanks with the correct forms of the verb.

> **MODELO** (salir) Vicente siempre <u>sale</u> con sus amigos, pero mañana va a <u>salir</u> con su tío.

1. **(llegar)** Mi amiga Laura acaba de _______________ a la fiesta. Siempre _______________ temprano.

2. **(acostarse)** Mi abuelo siempre _______________ tarde, pero esta noche tiene ganas de _______________ más temprano.

3. **(estudiar)** Yo _______________ mucho para algunas clases, pero no tengo que _______________ para otras.

4. **(correr)** Jorge siempre _______________ por la tarde. Esta tarde piensa _______________ también.

5. **(invitar)** Arturo me acaba de _______________ a su fiesta. Él siempre me _______________ a sus fiestas.

C Look at the list of Georgina's morning activities and answer the questions that follow.

7:00	Se levanta.	8:20	Llega al colegio
7:15	Se baña.	8:30	Va a su clase de español.
7:45	Desayuna.	9:45	Estudia en la biblioteca.
8:00	Sale para el colegio.	11:00	Almuerza en la cafetería.

> **MODELO** ¿Cuándo se baña?
> **Se baña después de levantarse, y antes de desayunar.**

1. ¿Cuándo estudia?

____

2. Son las 7:05. ¿Qué acaba de hacer?

____

3. ¿Cuándo almuerza?

____

4. Son las 9:40. ¿Qué va a hacer ahora?

____

5. ¿Cuándo desayuna?

____

 (52)

Preterite: Regular Forms

TEMA 6

REPASO DE GRAMÁTICA

▶ The preterite is used to talk about what happened or what someone did at a specific point in time. Verbs ending in **-ar** or **-er** do not have stem changes in the preterite.

	hablar	**comer**	**asistir**
yo	habl**é**	com**í**	asist**í**
tú	habl**aste**	com**iste**	asist**iste**
Ud., él, ella	habl**ó**	com**ió**	asist**ió**
nosotros, nosotras	habl**amos**	com**imos**	asist**imos**
vosotros, vosotras	habl**asteis**	com**isteis**	asist**isteis**
Uds., ellos, ellas	habl**aron**	com**ieron**	asist**ieron**

▶ The **nosotros** form of regular **-ar** verbs is the same in the preterite and present. The context will make it clear.

Escuchamos el nuevo CD anoche.   Siempre **escuchamos** música los viernes.
We listened to the new CD last night.   *We always listen to music on Fridays.*

Actividades

A Underline the verb in each sentence. Then indicate whether the verb is in the present tense or in the preterite.

	Present	Preterite
1. Ignacio habló mucho en la clase.		
2. Petra y su hermana comieron dulces.		
3. Yo lavo la ropa todos los días.		
4. Te quedan muy bien esas sandalias.		
5. Te escribí el correo electrónico el lunes.		
6. Esa chaqueta cuesta mucho dinero.		
7. Tú gastaste 100 dólares en ese anillo.		
8. Nosotros cantamos muy bien ayer.		
9. Mis tíos vivieron en Perú por tres años.		
10. Nadie bebió ponche en la fiesta.		

    (**53**)

REPASO DE GRAMÁTICA

B Complete Clarisa's journal entry with the preterite form of the verb in parentheses.

Ayer yo **(1)** _________________ (limpiar) toda la casa. Me

desperté temprano y **(2)** _________________ (barrer) el piso,

(3) _________________ (sacudir) los muebles y

(4) _________________ (lavar) los platos. Por la noche, mis padres

y yo **(5)** _________________ (cenar) en un restaurante elegante.

C Choose the most logical verb in the box to complete each sentence. Use the correct preterite form of the verb.

lavar	cortar	llamar	sacudir	barrer	preparar
escribir	tejer	salir	pasar	comer	arreglar

1. Mi hermano _________________ los platos antes de comer.

2. La abuela le _________________ una carta larga a su hermana.

3. Papá _________________ la aspiradora antes de poner la mesa.

4. Mamá _________________ la cena después de ir al mercado.

5. Yo _________________ el piso después de sacar la basura.

6. Nosotros _________________ después de nadar porque teníamos mucha hambre.

7. Tú _________________ a comer con tus amigos.

8. Ustedes _________________ los muebles de la sala.

9. El abuelo _________________ el césped antes de desayunar.

10. Mi hermana y yo _________________ nuestras habitaciones.

D Write sentences based on the cues. Use the preterite tense.

1. Paco y Antonio / tomar café / con el profesor / esta tarde

____

2. Úrsula y yo / cortar el césped / y / regar las flores

____

3. tú / salir / de la casa / para comer

____

4. vosotros / vivir en / Florida / muchos años

____

Spelling Changes and Stem Changes in the Preterite

TEMA 7

REPASO DE GRAMÁTICA

- The preterite forms of verbs ending in **-car, -gar,** or **-zar** have regular endings, but their **yo** forms have spelling changes.

c → qu	g → gu	z → c
sacar: yo saqué	llegar: yo llegué	almorzar: yo almorcé

Llegué al aeropuerto, **saqué** dinero y **almorcé** en un café.

- **-Er** and **-ir** verbs with a stem that ends in a vowel can have spelling changes in the third person forms and an accented **í** in the other forms.

caerse (ca-)		leer (le-)		construir (constru-)	
me caí	nos caímos	leí	leímos	construí	construímos
te caíste	os caísteis	leíste	leísteis	construíste	construísteis
se cayó	se cayeron	leyó	leyeron	construyó	construyeron

- Only **-ir** verbs can have a stem change in the preterite. If an **-ir** verb has a stem change in the present tense, it also has one in the preterite, but only in its third person forms.

pedir: e → i		dormir: o → u	
pedí	pedimos	dormí	dormimos
pediste	pedisteis	dormiste	dormisteis
pidió	pidieron	durmió	durmieron

Actividades

A Complete the sentences with the correct preterite form of the verb in parentheses.

1. Jorge y Pablo _______________________ (dormirse) durante la película.

2. Después del partido, yo _______________________ (sacar) muchas fotos del equipo.

3. ¿Qué hicieron ustedes cuando _______________________ (caerse) los animadores?

4. El camión de bomberos _______________________ (seguir) derecho.

5. Mi abuelo _______________________ (morir) el año pasado.

B Araceli nos cuenta lo que hace ahora y lo que hizo ayer. Escucha y di si habla a) del presente, o b) del pasado.

1. ____   3. ____   5. ____   7. ____   9. ____

2. ____   4. ____   6. ____   8. ____

REPASO DE GRAMÁTICA

C Solve the crossword puzzle by writing in the preterite forms of the verbs.

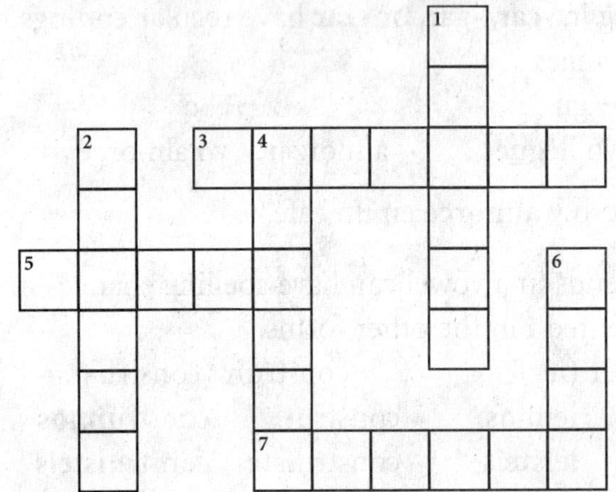

1. ella/dormir
2. yo/llegar
3. yo/almorzar
4. nosotros/leer
5. yo/caerme
6. él/leer
7. usted/seguir

D Complete the sentences by conjugating each verb in the preterite with the subject below the corresponding drawing.

1. Irene   **2.** Agustín   **3.** tú   **4.** Martín y Javier

1. _________________________ (arreglar) el carro anoche.

2. _________________________ (sacar) la basura esta mañana.

3. _________________________ (regar) las plantas ayer.

4. _________________________ (empezar) a gritar durante el partido.

E Eliseo's parents ask him the following questions. Write his answers in complete sentences.

1. ¿Arreglaste el carro? (sí, ayer)

____

2. ¿Regaste las plantas? (sí, esta mañana)

____

3. ¿Sacaste la basura? (sí, anoche)

____

     (56)

Preterite: Irregular Forms

TEMA
8

REPASO DE GRAMÁTICA

▸ The preterite is used to talk about what happened or what someone did at a specific point in time. The following verbs are irregular in the preterite.

	dar	ver	ir	traer	hacer
yo	**di**	**vi**	**fui**	**traje**	**hice**
tú	**diste**	**viste**	**fuiste**	**trajiste**	**hiciste**
Ud., él, ella	**dio**	**vio**	**fue**	**trajo**	**hizo**
nosotros, nosotras	**dimos**	**vimos**	**fuimos**	**trajimos**	**hicimos**
vosotros, vosotras	**disteis**	**visteis**	**fuisteis**	**trajisteis**	**hicisteis**
Uds., ellos, ellas	**dieron**	**vieron**	**fueron**	**trajeron**	**hicieron**

▸ The following verbs have the same irregular endings in the preterite.

andar: **anduv-**
poder: **pud-**
tener: **tuv-**
venir: **vin-**

-e	-imos
-iste	-isteis
-o	-ieron

Anoche **vino** Tomás y me **trajo** un montón de revistas.
Ayer **fuimos** al mercado y **anduvimos** por dos horas.

Actividades

A Underline the conjugated verb in each sentence. Then indicate whether the verb is in the present tense or in the preterite.

	Present	Preterite
1. Maura y yo dimos una fiesta.		
2. Ramón fue al centro comercial.		
3. No puedo ver nada.		
4. ¿Visteis la película en clase?		
5. No trajeron los zapatos.		
6. Pedro y Nora hicieron ejercicio.		
7. ¿Cuándo viniste a visitarnos?		
8. ¿Me traes un vaso de agua?		
9. Tuve que irme temprano.		
10. Alicia siempre anda con su teléfono celular.		

Puente: Customized Level 2 Review

REPASO DE GRAMÁTICA

B Fill in each blank with the correct preterite form of the most logical verb.

1. hacer, ir, ver

El viernes por la noche Micaela y yo _____________ una película. Luego _____________ a la heladería para tomar batidos. Aníbal, ¿qué _____________ Adán y tú?

2. ir, hacer, andar

Mi amiga Rosa _____________ una fiesta esa noche. Yo _____________ por el parque antes de ir. Luego _____________ a la fiesta con Ana.

3. tener, venir

Adán no _____________ a la fiesta. Parece que él _____________ problemas con el carro y nunca llegó.

4. dar, poder

Rosa no _____________ sacar fotos durante la fiesta pero yo le _____________ las fotos que yo saqué.

C Look at the pictures and use the cues to write what the people did.

MODELO traer impermeable / poder dar un paseo
Enrique trajo su impermeable.
Él pudo dar un paseo.

1. andar con el teléfono celular / poder llamarme

Lorena y Roberto _____________________________.

Ellos _____________________________.

2. ir al zoológico / ver los animales

Elena y tú _____________________________.

Ustedes _____________________________.

3. ir a las montañas / hacer senderismo

Roberto _____________________________.

Él _____________________________.

4. venir a visitarme / traer su bicicleta

Alicia _____________________________.

Ella _____________________________.

Direct and Indirect Object Pronouns

TEMA
9

> ▸ The **direct object** is the person or thing that receives the action of the verb. The **indirect object** receives the direct object or benefits from the action of the verb.
>
> *direct object*
>
> Jaime **le** dio **una naranja a Anita**
>
> *indirect object*
>
> ▸ Direct and indirect objects are replaced by pronouns to avoid repetition.
>
> | DIRECT OBJECTS | | INDIRECT OBJECTS | |
> | --- | --- | --- | --- |
> | me | nos | me | nos |
> | te | os | te | os |
> | lo | los | le | les |
> | la | las | | |
>
> ▸ Direct and indirect object pronouns follow the same placement rules. They go before a conjugated verb or after an infinitive or **-ando** or **-iendo** form.
>
> Tengo una naranja.
>
> ¿**La** quieres?
>
> ¿**Le** doy la naranja a Carlos?
>
> ¿**Le** vas a dar la naranja a Carlos? / ¿Vas a dar**le** la naranja a Carlos?
>
> ¿**La** estás cortando? / ¿Estás cortándo**la**?

Actividades

A Complete the following sentences with the correct object pronoun.

_____ 1. Graciela no encuentra sus aretes. _____ va a buscar al baño.
    a. Las   **b.** Los   **c.** La

_____ 2. Esteban y yo necesitamos hablar con Miguel, pero no podemos encontrar_____.
    a. lo   **b.** la   **c.** los

_____ 3. Juan y yo nunca hablamos durante la semana, pero él _____ llama todos los sábados.
    a. te   **b.** lo   **c.** me

_____ 4. Rogelio _____ dice «Buenos días» a sus profesores cuando llega a clase.
    a. le   **b.** les   **c.** me

_____ 5. ¿Qué _____ vas a comprar para mi cumpleaños?
    a. me   **b.** te   **c.** le

REPASO DE GRAMÁTICA

B Listen as María Elena talks about the things she does each day. Match the sentences you hear with the correct item from the box.

_______ 1.

_______ 2.

_______ 3.

_______ 4.

> **a.** los lentes de contacto
> **b.** la crema
> **c.** las uñas
> **d.** la llave

C Circle the direct object nouns or pronouns and underline the indirect object nouns or pronouns.

MODELO Marta <u>les</u> vende (libros) <u>a sus compañeros</u>.

1. Nuestro hijo siempre nos dice la verdad.

2. La mujer de negocios le pide información a su secretaria.

3. ¿Te cuento un chiste?

4. Yo puedo enseñarles la ciudad a los turistas.

D Use direct object pronouns to answer these questions.

MODELO ¿Vas a leer ese libro? (sí) **Sí, lo voy a leer. / Sí, voy a leerlo.**

1. ¿Estás escuchando las noticias? (sí)

____

2. ¿Ustedes quieren poner la mesa? (no)

____

3. ¿Puedo usar tu bolígrafo? (sí)

____

4. ¿Vas a hacer los quehaceres ahora? (no)

____

E Use indirect object pronouns to complete these sentences.

1. El cartero _______ trae un paquete a los señores Morillas.

2. Ana está contándo_______ un problema al vecino.

3. Yo puedo llevar_______ los libros hoy si los necesitas.

4. Antonio y José quieren dar_______ otro gato a mí y a mi hermana.

5. Tomo el autobús todos los días y el conductor siempre _______ dice «Buenos días».

 (60)

Verbs with Reflexive Pronouns

TEMA 10

REPASO DE GRAMÁTICA

▸ Use a reflexive pronoun to show that the subject and object of a verb are the same. Use the pronoun that agrees with the subject.

yo	**me** levanto	nosotros(as)	**nos** levantamos
tú	**te** levantas	vosotros(as)	**os** levantáis
él, ella, usted	**se** levanta	ellos, ellas, ustedes	**se** levantan

▸ Some verbs can be used with or without a reflexive pronoun, depending on who or what the object is.

Yo **me** <u>despierto</u> a las 7:00. A las 7:30 <u>despierto</u> a mi hijo.

▸ Reflexive pronouns go before the conjugated verb in a sentence. They can also be attached to the end of an infinitive or **-ando** or **-iendo** form.

Óscar siempre **se** <u>acuesta</u> tarde. Mañana <u>va a acostar</u>**se** temprano.

(Mañana **se** <u>va a acostar</u> temprano.)

Ernesto **se** <u>bañó</u> primero. Jorge **se** <u>está bañando</u> ahora.

(Jorge <u>está bañándo</u>**se** ahora.)

▸ Use **el, la, los,** or **las** with parts of the body after verbs with reflexive pronouns or to talk about putting on or taking off clothes, shoes, or jewelry.

Me lavo **la** cara, me maquillo y me pongo **los** aretes.

Debes ponerte **los** calcetines antes de ponerte **los** zapatos.

▸ Here are some verbs that are often used with reflexive pronouns.

afeitarse	estirarse	ponerse	prepararse
bañarse	lavarse	quitarse	relajarse
despertarse	levantarse	maquillarse	secarse
entrenarse	mantenerse (ie)	peinarse	vestirse (i)

Actividades

A Underline the conjugated verb in each sentence. Then fill in the chart.

	Subject	Reflexive Pronoun
1. Yo me despierto a las seis y media.		
2. Mi hermana se levanta más tarde.		
3. Nos vestimos después de desayunar.		
4. Mi padre se afeita por la mañana.		
5. Mi madre se lava la cara y las manos.		
6. Tú te peinas todas las mañanas.		

REPASO DE GRAMÁTICA

B Complete the sentences with the correct form of each verb and reflexive pronoun.

1. Normalmente yo _______________________ (acostarse) a las diez y media.

2. Mis hermanos _______________________ (acostarse) a la misma hora.

3. Yo _______________________ (ponerse) el piyama antes de leer un rato.

4. Yo leo en la cama porque necesito (relajarse) _______________________.

5. Tú siempre tienes que _______________________ (estirarse) antes de acostarte.

6. Es porque tú quieres _______________________ (mantenerse) en forma.

D Use verbs from the word box to tell what is happening in the drawings. Add reflexive pronouns when necessary.

bañar	lavar	levantar	estirar	peinar	afeitar

MODELO Jorge
Jorge se está bañando (está bañándose).

1. Isabel

____

2. Arnulfo

____

3. María Luisa

____

4. Zorro

____

Impersonal *Se* and Passive *Se*

TEMA 11

REPASO DE GRAMÁTICA

> ▶ Remember that the **impersonal se** followed by a verb in the third person singular is used to make generalizations or to talk about what people usually do. The subject is not expressed, and there is no direct object.
>
> | | |
> |---|---|
> | No **se grita** en la biblioteca. | *One doesn't/You don't shout in the library.* |
> | **Se vive** bien en este país. | *They/People live well in this country.* |
>
> ▶ Use the **passive se** to say that something *is done* without saying who does it. With the passive **se,** the verb agrees in number with the noun receiving the action.
>
> | | |
> |---|---|
> | **Se venden** flores aquí. | *Flowers are sold here.* |
> | No **se pueden** comprar mariscos aquí. | *You/One can't buy seafood here.* |
> | **Se prohíbe** fumar. | *Smoking is forbidden.* |
> | **Se juega** al fútbol los viernes. | *One/You play football on Fridays.* |

Actividades

A Decide if the following sentences use **a)** impersonal **se** or passive **se,** or **b)** neither.

_____ **1.** ¿Qué se hace aquí los domingos?

_____ **2.** Bueno, en general, no se trabaja.

_____ **3.** No se puede jugar al fútbol en el auditorio.

_____ **4.** Usted se puede entrenar en el gimnasio.

_____ **5.** Se come con la familia.

_____ **6.** Se sale de paseo por las tardes.

_____ **7.** Mis padres se acuestan temprano.

B Completa las oraciones de manera lógica.

_____ **1.** En la carnicería…

_____ **2.** En el estadio…

_____ **3.** En la panadería…

_____ **4.** Del banco…

_____ **5.** En la pastelería…

_____ **6.** En la frutería…

_____ **7.** En la plaza…

> **a.** se vende pan.
> **b.** se puede descansar en una banca.
> **c.** se juega fútbol.
> **d.** se venden naranjas.
> **e.** se saca dinero.
> **f.** se compran pasteles.
> **g.** se compra carne.

C You're taking a trip to Spain. A friend who has been there before tells you what people generally do over there. Complete each sentence using the impersonal **se** or passive **se** with the verb in parentheses.

1. _______________________ (ver) mucha gente por las calles.

2. _______________________ (comer) tapas en los cafés antes de almorzar.

3. _______________________ (almorzar) más tarde, a las dos de la tarde.

4. _______________________ (dormir) la siesta después de comer.

5. _______________________ (trabajar) hasta las ocho de la noche.

6. _______________________ (salir) con los amigos o con la familia.

7. _______________________ (tomar) varios cafés durante el día.

8. _______________________ (visitar) muchos museos y monumentos.

D Tell what the following signs mean using the passive **se** with the verb given.

1. comer en la biblioteca

____

____

2. inglés aquí

____

____

3. pescar en el lago

____

____

4. caminar en el césped

____

____

5. fumar en el aeropuerto

____

____

  64

Informal Commands

REPASO DE GRAMÁTICA

▶ **Informal commands** are used to tell people you would address as **tú** what to do or not to do.

▶ To form affirmative informal commands, take the **tú** form of the present tense and drop the final **-s**. Some verbs have irregular command forms.

trabajas → **¡Trabaja!**   corres → **¡Corre!**   escribes → **¡Escribe!**

tener → **ten**	ir → **ve**	hacer → **haz**
venir → **ven**	ser → **sé**	salir → **sal**
poner → **pon**	decir → **di**	

▶ To form negative informal commands, replace the **-o** of the **yo** form with **-es** or **-as** and put no before the verb. Some forms are irregular or have spelling changes.

trabajo → **¡No trabajes!**   corro → **¡No corras!**   salgo → **¡No salgas!**

dar → **¡No des!**   ir → **¡No vayas!**   ser → **¡No seas!**

sacar → **¡No saques!**   pagar → **¡No pagues!**
comenzar → **¡No comiences!**
recoger → **¡No recojas!**   seguir → **¡No sigas!**

▶ Object and reflexive pronouns are attached to the end of affirmative commands and placed between **no** and the verb in negative commands.
—¿Compro esta blusa?   —Sí, cómpra**la.**
—¿Me siento aquí?   —No, no **te** sientes allí.

Actividades

A Circle the verbs that express commands. Then indicate whether the command is affirmative or negative.

	Affirmative	Negative
1. No duermas hasta las doce.		
2. No trabajes demasiado.		
3. Haz tu tarea todos los días.		
4. Despiértate temprano.		
5. No seas malo con tus compañeros de clase.		
6. No vayas mucho al centro comercial.		
7. Prepárate bien para los exámenes.		
8. No leas novelas cuando hay examen.		

Puente: Customized Level 2 Review

REPASO DE GRAMÁTICA

B Escucha mientras Esmeralda habla de su familia. Decide si lo que dice es **a)** una oración *(a statement)*, o **b)** un mandato *(a command)*.

   1. ____   **3.** ____   **5.** ____   **7.** ____

   2. ____   **4.** ____   **6.** ____   **8.** ____

C Complete each command with the correct form of the verb in parentheses.

   1. No_______________________________ (volver) a casa demasiado tarde.

   2. _______________________________ (poner) la mesa, porque tenemos que comer.

   3. No_______________________________ (ir) al concierto sin tu hermana.

   4. Jorgito, no _______________________________ (ser) malo si quieres ir al parque.

   5. _______________________________ (limpiar) el baño, que está muy sucio *(dirty)*.

   6. No me_______________________________ (pedir) tantos favores.

   7. Hija, _______________________________ (salir) de casa si estás aburrida.

   8. No _______________________________ (sacar) la basura hasta mañana.

D You are giving advice on how to run a home. Use the cues to tell people what to do and not to do. Then tell them how often to do or not to do it.

   1. hacer las camas (todos los días)

   ____

   2. no acostarse tarde (durante la semana)

   ____

   3. servir fruta (siempre de postre)

   ____

   4. limpiar el baño (todas las semanas)

   ____

   5. pagar las cuentas (todas las meses)

   ____

E Change the affirmative commands to negatives and vice versa.

   1. Llámalo. ____

   2. No lo traigas. ____

   3. Acuéstate. ____

   4. No te olvides del paraguas. _______________________________________

Formal Commands

> ▸ Remember that **formal commands** are used to tell people you would address as **usted** or **ustedes** what to do. To form them, replace the **-o** of the **yo** form with **-e** for **-ar** verbs and **-a** for **-er** and **-ir** verbs.
>
> (usted) ¡Escuche! ¡Coma!
> (ustedes) ¡Escuchen! ¡Coman!
>
> ▸ For negative commands, place **no** before the verb.
>
> ¡**No** haga usted nada! ¡No repitan eso!
>
> ▸ Verbs ending in **-car, -gar, -zar, -ger,** and **-guir** have spelling changes in their formal command forms.
>
> sacar ¡Saque Ud.! ¡Saquen Uds.!
> llegar ¡Llegue Ud.! ¡Lleguen Uds.!
> empezar ¡Empiece Ud.! ¡Empiecen Uds.!
> recoger ¡Recoja Ud.! ¡Recojan Uds.
> seguir ¡Siga Ud.! ¡Sigan Uds.!
>
> ▸ Some verbs have irregular forms.
>
> ir ➔ vaya(n) saber ➔ sepa(n)
> dar ➔ dé, den ser ➔ sea(n)
>
> ▸ Object pronouns are attached to the end of affirmative commands and are placed after **no** and before the verb in negative commands.
>
> (direct object) ¡Hága**lo**! ¡No **lo** haga!
> (reflexive pronoun) ¡Siénten**se**! ¡No **se** sienten!
> (indirect object) ¡Díga**me** la verdad! ¡No **me** diga la verdad!

Actividades

A Circle the verbs that express commands and underline the ending. Then, write the infinitive of the command verb.

1. Coma bien. Se va a sentir mejor. _______________________

2. Si le duelen los pies, deje de correr. _______________________

3. ¡Tengan cuidado! Está nevando. _______________________

4. ¡No escalen montañas! Es peligroso. _______________________

5. Duerma un poco si está cansado. _______________________

6. No juegue con el vaso. Se puede romper. _______________________

7. Cierren las ventanas antes de irse. _______________________

8. ¡Sigan las instrucciones! _______________________

B Listen to señor Fontana and choose **a)** if he is speaking to his daughter, **b)** to his boss, or **c)** to his employees.

1. ____   2. ____   3. ____   4. ____   5. ____

C El señor Cruz has invited his boss, doña Gladys, to the Cruz family picnic. Read what he says and decide who he is speaking to. Choose **a)** for his three children, **b)** for his youngest son, or **c)** for doña Gladys.

____ 1. Para llegar al parque, doblen a la izquierda después del monumento.

____ 2. Doña Gladys no toma refrescos. No le des ninguno.

____ 3. ¿Los platos? Búsquenlos en el carro.

____ 4. ¿Las sillas? No las dejes en la casa.

____ 5. ¿Helado? Por favor, sáquelo para el postre.

D Use formal commands to give your teacher advice on what to see in the United States.

1. _________________________ (empezar) su viaje en Houston.

2. _________________________ (subir) al Arco de la Independencia en San Luis.

3. No _________________________ (pasar) todo el día en el hotel.

4. _________________________ (correr) por la playa Venice en Los Ángeles.

5. _________________________ (ir) a la Estatua de la Libertad en Nueva York.

6. _________________________ (cruzar) el puente Golden Gate en San Francisco.

E Escribe consejos para Raúl y Adela basándote en la situación.

1. Queremos ver una película esta tarde. (alquilar/video)

____

2. No tenemos buenas notas *(grades)* en la escuela. (estudiar/más)

____

3. Necesitamos volver a casa a las cinco. (no/llegar/tarde)

____

4. Queremos ir al centro. (no/salir/solos)

____

5. No puedo encontrar nada en mi escritorio. (organizar/escritorio)

____

　(**68**)

Possessive Adjectives and Possessive Pronouns

TEMA
14

REPASO DE GRAMÁTICA

▶ Remember to use a **possessive adjective** before a noun to show ownership. Its form agrees in gender and number with the noun that comes after it.

yo	**mi** carro	nosotros(as)	**nuestro** carro/**nuestra** casa
	mis carros		**nuestros** carros/**nuestras** casas
tú	**tu** libro	vosotros(as)	**vuestro** carro/**vuestra** casa
	tus libros		**vuestros** carros/**vuestras** casas
Ud./él/ella	**su** libro	Uds./ellos(as)	**su** carro
	sus libros		**sus** carros

▶ Note that **su(s)** is used to mean *his, her, their,* and *your.* The context usually makes the meaning clear. Use **de** followed by a person if it is not.

Pedro habla con **sus** amigos en **su** teléfono celular. *(his phone)*

Pedro habla con **sus** amigos en el teléfono celular **de Ana.** *(not his phone)*

▶ When the noun is left out, the **possessive pronoun** is used with a definite article (**el, la, los, las**), except after a form of the verb **ser.**

yo	**mío(a)(s)**	nosotros(as)	**nuestro(a)(s)**
tú	**tuyo(a)(s)**	vosotros(as)	**vuestro(a)(s)**
Ud./él/ella	**suyo(a)(s)**	Uds./ellos/ellas	**suyo(a)(s)**

Possessive Adjective	Possessive Pronoun
Ésta es **mi** pulsera.	¿Esa pulsera es **tuya?**
Tus llaves están aquí.	No encuentro **las mías.**

Actividades

A Complete the sentences with the correct possessive pronoun.

MODELO Son mis libros. Son **los míos.**

1. Es mi toalla. Es _________________.

2. Es tu sillón. Es _________________.

3. Son mis zapatos. Son _________________.

4. Son tus llaves. Son _________________.

5. Es nuestro teléfono. Es _________________.

6. Es su blusa. Es _________________.

7. Son sus útiles escolares. Son _________________.

8. Son nuestras mascotas. Son _________________.

REPASO DE GRAMÁTICA

TEMA
14

B Escucha las oraciones de Enrique y decide si habla de una cosa que es **a)** de él, **b)** de su hermana o **c)** de ambos *(both)*.

1. _____ 2. _____ 3. _____ 4. _____ 5. _____ 6. _____ 7. _____

C Beto and Carlos are cleaning their room. Complete their dialog with the correct possessive adjectives or pronouns.

CARLOS Beto, tenemos que arreglar (1)_____________ habitación.

BETO ¿Es (2)_____________ esta pelota? Y este teléfono celular, ¿es

(3)_____________?

CARLOS No, la pelota no es (4)_____________ pero ese teléfono celular sí. ¿Son

(5)_____________ el paraguas y el impermeable?

BETO Sí, son (6)_____________. Y estos libros, ¿son de nosotros?

CARLOS Sí, son (7)_____________.

D Complete the conversations with the correct possessive adjectives or pronouns.
MODELO clases (yo/tú)

_____**Mis**_____ clases son todas interesantes. ¿Y ___**las tuyas**___?
Las mías son un poco aburridas.

1. cuarto (yo/tú)

_____________ cuarto está limpio. ¿Y _____________?

_____________ está muy desorganizado.

2. familia (nosotros)

_____________ familia es grande. ¿Y la de ustedes?

_____________ es grande también.

3. casa (de usted)

La casa de Pablo está en este vecindario. ¿Y _____________?

_____________ está en este vecindario también.

4. vecinos (nosotros/vosotros)

_____________ vecinos son muy amables. ¿Y _____________?

_____________ son un poco antipáticos.

5. amigas (yo/de Ana)

_____________ amigas practican muchos deportes. ¿Y las de Ana?

_____________ no son muy atléticas.

  (70)

Negation

REPASO DE GRAMÁTICA

▶ To make a sentence negative, put **no** before the verb and before any object pronouns.

Martín **no** <u>lava</u> las ventanas.	*Martín doesn't wash the windows.*
No <u>te gusta</u> la pizza.	*You don't like pizza.*

▶ Other words can be used to make a sentence negative. If they go after the verb, put **no** in front of the verb.

Tino **no** <u>va</u> a fiestas **nunca.**
Tino **nunca** <u>va</u> a fiestas.

*Tino **never** goes to parties.*

Eva **no** <u>va</u> a fiestas **tampoco.**
Eva **tampoco** <u>va</u> a fiestas.

*His sister doesn't go to parties **either.***

▶ Some words have a different English equivalent if they go after the verb.

Nada <u>es</u> imposible.
No <u>entiendo</u> **nada.**

***Nothing** is impossible.*
*I don't understand **anything.***

Nadie <u>es</u> aburrido.
No <u>conozco</u> **a nadie** aquí.

***Nobody** is boring.*
*I don't know **anybody** here.*

▶ **Ninguno(a)** can stand alone or go before a noun. Before a masculine noun, **ninguno** changes to **ningún.**

¿Lápices? **No** <u>tengo</u> **ninguno.**
No <u>tengo</u> **ningún** póster de Perú.

*Pencils? I don't have **any.***
*I don't have **any** posters from Peru.*

Actividades

A Choose the correct word in parentheses to complete each sentence and write it in the blank.

1. Mis primos no van a la playa. Yo no voy a la playa
   _____________________ (también/tampoco).

2. No quiero hacer _____________________ (nada/nunca) hoy.

3. Cuando llueve y hace frío, mi perro no quiere salir. A mí
   _____________________ (tampoco/nada) me gusta salir cuando hace mal
   tiempo.

4. Siempre preparamos la cena en la cocina. _____________________
   (Nunca/Tampoco) cocinamos en el patio.

5. Después de cenar, me toca lavar los platos. _____________________
   (Tampoco/Nadie) me ayuda.

6. ¿Tienes una pluma? No tengo _____________________ (nadie/ninguna).

---

   (71)

REPASO DE GRAMÁTICA

B Rewrite the following sentences by placing **no** before the verb.

MODELO Nunca voy a la playa.
No voy a la playa nunca.

1. El gato nunca duerme debajo de la cama.

   ____

2. Yo tampoco duermo debajo de la cama.

   ____

3. Mi hermana nunca canta en el baño.

   ____

4. Yo tampoco canto en el baño.

   ____

C Write a sentence to express the opposite of each statement below by changing the underlined part and the verb form if necessary.

MODELO Yo <u>siempre</u> corto el césped.
Yo nunca corto el césped.

1. <u>Todos</u> quieren hacer sus quehaceres hoy.

   ____

2. El gato <u>siempre</u> come el almuerzo.

   ____

3. Cora necesita <u>algo</u> para la casa.

   ____

4. <u>Todos</u> saben inglés.

   ____

D Answer these questions using the words in parentheses.

MODELO No me gusta hacer la cama. ¿Y a ti? (tampoco)
A mí tampoco me gusta.

1. Mis sobrinas y yo somos atléticas. ¿Y en tu familia? (nadie)

   ____

2. A mí siempre me toca sacar la basura. ¿Y a ti? (nunca)

   ____

3. A mí todo me parece difícil. ¿Y a ti? (nada)

  (72)

¿Cómo eran?

REPASO DE VOCABULARIO

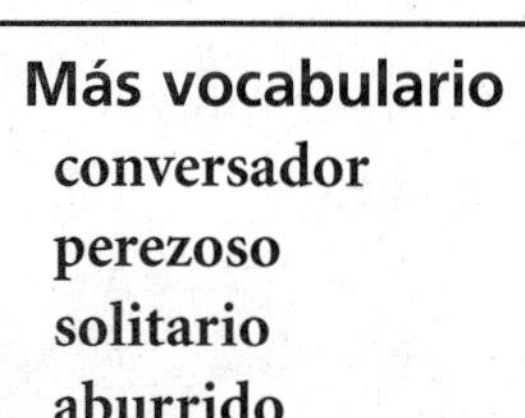

Más vocabulario
conversador
perezoso
solitario
aburrido

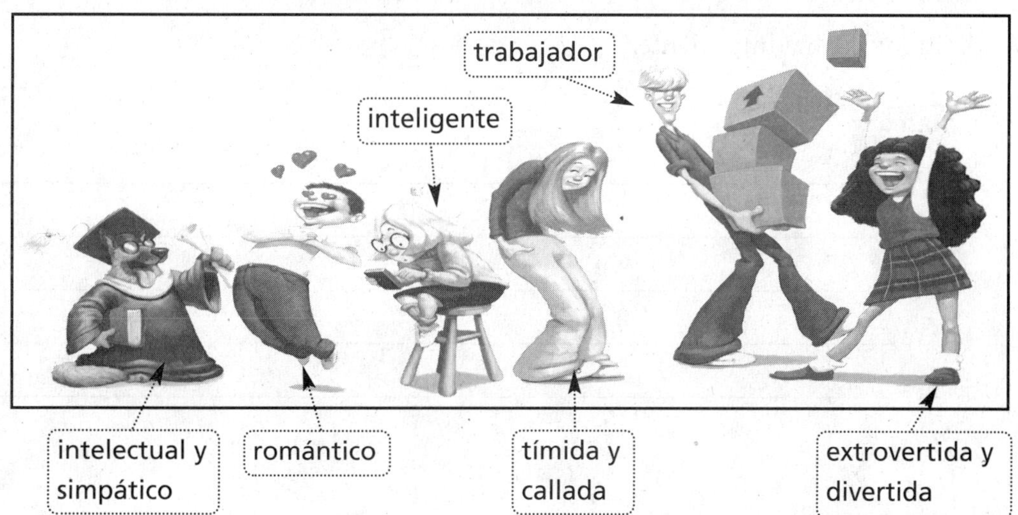

Holt Spanish

Puente: Customized Level 2 Review

TEMA
13

REPASO DE VOCABULARIO

Actividades

A Complete the sentences with the appropriate adjective.

1. Una muchacha a quien le gusta jugar es _________________.

2. Una muchacha que cuenta muchos chistes es _________________.

3. Un muchacho que habla mucho es _________________.

4. Una persona que no sabe esperar es _________________.

5. Un muchacho que habla mucho de otras personas es _________________.

6. Una muchacha que prefiere estar sola es _________________.

B Escucha las oraciones y escribe cómo era cada persona usando las palabras del cuadro.

aventurero	bondadoso	callado
cariñoso	solitario	chistoso

1. Francisco _________________________________

2. Mi tío _________________________________

3. Gerardo _________________________________

4. Mis vecinos _________________________________

C According to one of your mother's friends, she and your mom were complete opposites. Write how she described your mom based on the cues below.

La amiga

1. Era muy conversadora.

2. Era extrovertida.

3. Era una niña impaciente.

4. Era muy juguetona.

5. Era una niña perezosa.

Tu mamá

1. Era _________________________________.

2. Era _________________________________.

3. Era _________________________________.

4. Era _________________________________.

5. Era _________________________________.

La familia

REPASO DE VOCABULARIO

Ésta es mi familia.

mis abuelos

mi abuelo Rufino   mi abuela Marta

mis padres

mis tíos

mi padre (papá) Julio, el hijo de Rufino y Marta   mi madre (mamá) Dora   mi tío Abel   mi tía Flora, la hija de Rufino y Marta

mis hermanos y yo

mis primos

yo, Marisol, la nieta de Rufino y Marta   mi hermano mayor Beto, el nieto de Rufino y Marta   mi hermana menor Carla, la nieta de Rufino y Marta   mi prima Melisa, la sobrina de Julio y Dora   mi primo Josué, el sobrino de Julio y Dora

Actividades

A Complete the definitions with the Spanish word for each relative.

1. La madre de mi padre es mi _______________.

2. El hermano de mi padre es mi _______________.

3. Soy el nieto (la nieta) de mis _______________.

4. La hija de mis padres es mi _______________.

REPASO DE VOCABULARIO

B Mira el árbol genealógico *(family tree)* y escucha las oraciones. Indica si cada oración es **cierta** o **falsa**.

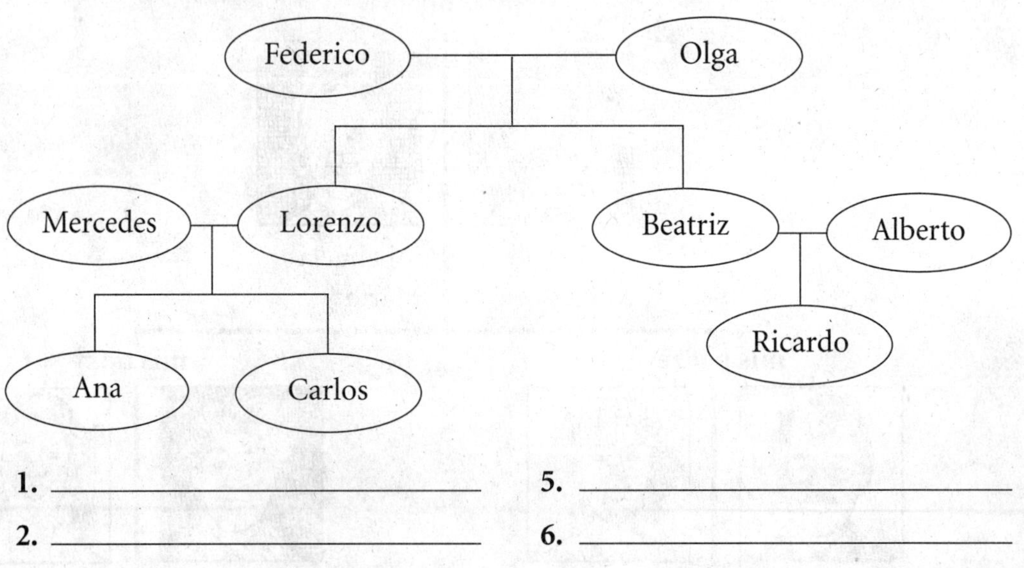

1. ___________________________   5. ___________________________
2. ___________________________   6. ___________________________
3. ___________________________   7. ___________________________
4. ___________________________   8. ___________________________

C Use the family tree to complete the sentences about Roberto's family.

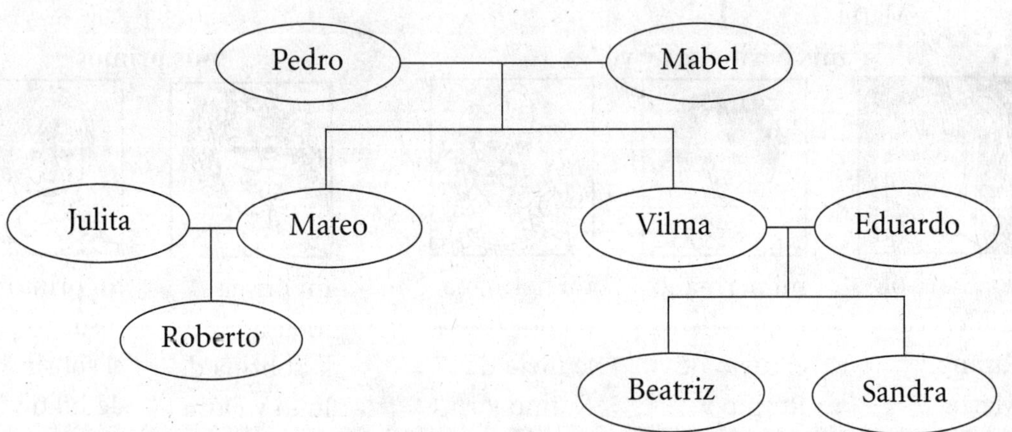

1. Roberto es el ___________________________ de Eduardo.

2. Beatriz es la ___________________________ de Pedro y Mabel.

3. El ___________________________ de Sandra se llama Roberto.

4. Vilma es la ___________________________ de Mabel.

5. Pedro es el ___________________________ de Mateo.

6. Sandra y Beatriz son ___________________________.

Cuando era niño...

¿Qué te gustaba hacer de pequeño?

De pequeños, Sofía y yo solíamos columpiarnos por horas.

También nos encantaba jugar a las damas…

trepar a los árboles…

y saltar a la cuerda. Nos llevábamos muy bien.

Juan Carlos, Maribel y Hernán eran vecinos. Echaban carreras y…

jugaban al escondite o al pilla-pilla. Siempre jugaban afuera, en el vecindario.

Ernesto se fastidiaba cuando su hermano tocaba el piano. ¡Odiaba oírlo tocar el piano!

Pedro iba a casa de Nicolás para jugar con bloques.

A Juana le fascinaba jugar con muñecas. Marcos y Matías se peleaban mucho cada vez que jugaban con carritos. No les gustaba compartir los juguetes.

Maite cuidaba a su osito de peluche.

Más vocabulario
practicar
 deportes
ver películas de...
mirar dibujos
 animados
leer libros de
 aventuras/de
 amor
hacer travesuras
jugar a los
 videojuegos

TEMA 15

REPASO DE VOCABULARIO

Actividades

A Complete the sentences with appropriate vocabulary about childhood activities.

1. A mi prima le gustaba coleccionar _______________ de peluche.

2. De pequeño, no me gustaba mucho echar _______________.

3. A mi primo le encantaba mirar _______________ _______________.

4. Mi hermana odiaba _______________ a los árboles.

5. A mi hermano le fastidiaba _______________ a la cuerda conmigo.

B Mira los dibujos y escucha las oraciones. Decide qué foto le corresponde a cada oración.

a.　　b.　　c.　　d.

e.　　f.　　g.　　h.

1. ____　2. ____　3. ____　4. ____　5. ____　6. ____　7. ____　8. ____

C Read about Carolina's childhood and answer **cierto** (C) or **falso** (F).

Cuando tenía cinco años me gustaba trepar a los árboles y echar carreras. A los siete años comencé a ir al colegio y me gustaban los juegos tranquilos. Jugaba al ajedrez con mi amiga Manuela y mirábamos películas de ciencia ficción. Cuando tenía diez años odiaba los deportes y me encantaba tocar el clarinete.

____ 1. Cuando tenía cinco años a Carolina le gustaba jugar afuera.

____ 2. Carolina comenzó a ir a la escuela cuando tenía siete años.

____ 3. Carolina no se llevaba bien con Manuela.

____ 4. Carolina era muy atlética cuando tenía diez años.

Holt Spanish　　　　　　　　　　Puente: Customized Level 2 Review

Las comidas

Entremeses
Gazpacho
Panes y quesos surtidos

Platos del día
Carne asada con plátanos
Chuletas de cerdo con habichuelas

Vegetales
Bróculi con queso
Gandules con jamón

*Ensalada de zanahorias y
espinacas*

Postres
Fresas con crema
Pastel de almendras

Entremeses
Sopa de ajo
Panes y quesos surtidos

Platos del día
Lechón asado con gandules
Arroz con mariscos

Vegetales
Maíz con ajíes
Habichuelas con papas y tocino

Ensalada mixta

Postres
Helado de mango
Flan de coco

REPASO DE VOCABULARIO

Actividades

A Match each item in the box with the corresponding picture.

a. una pera	**d.** un jugo de naranja	**g.** unas piñas
b. unas fresas	**e.** un refresco de manzana	**h.** un surtido de frutas
c. una lechuga	**f.** una ensalada mixta	

1. _____________ 2. _____________ 3. _____________ 4. _____________

   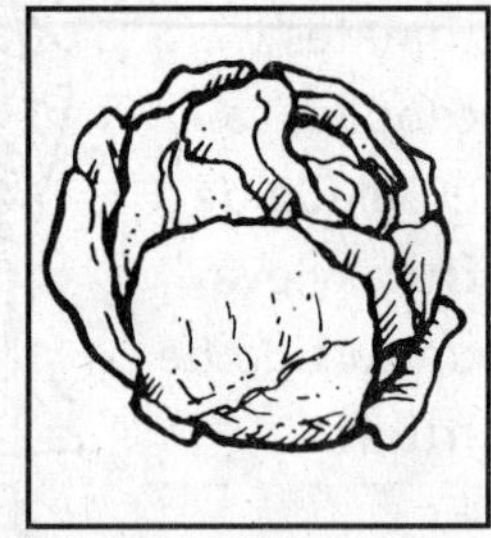

5. _____________ 6. _____________ 7. _____________ 8. _____________

B  Recomiéndale algo del siguiente menú a cada persona, según sus gustos.

a. sopa de fideos	**c.** papas con queso	**e.** ensalada mixta
b. bistec encebollado	**d.** gazpacho	**f.** ensalada de frutas

1. ____ 2. ____ 3. ____ 4. ____ 5. ____ 6. ____

C Put each item where it belong on a menu.

pollo asado con gandules	**agua mineral**	**flan de vainilla** **té**
caldo de pollo	**bistec a la parrilla**	**café**
chuleta de cerdo	**fresas con crema**	**gazpacho**

Entremeses ____

Platos principales ____

Bebidas ____

Postres ____

Holt Spanish   Puente: Customized Level 2 Review

  (80)

En el restaurante

¿Qué tal está...?

Mi plato preferido es la Piña Terraza. Todos los ingredientes están en su punto.

El café está perfecto. Nunca lo preparan aguado aquí.

—Aquí preparan sándwiches calientes muy sabrosos, ¿no crees?
—Están perfectos. ¿Cuál pediste?
—Lleva queso, tocino, cebolla y tomates. Está exquisito.

—¿Qué tal está la pizza?
—Está riquísima. Pruébala.

¡Mesero! ¡Se olvidó de traerme una cuchara para el gazpacho!

¡Mesero! No me traiga el plato del día. Quisiera pedir algo más. ¡Tráigame el menú!

No sé qué pedir de postre. Me encanta el flan, pero la última vez estaba quemado.

No me gustó la carne asada. A la carne le falta sabor.

¡Mesero! ¡No me trajo nada para tomar! ¿No se acuerda que pedí un té?

—¿Qué nos recomienda para comer?
—Bueno, la especialidad de la casa es el lechón asado con gandules. También le recomiendo el pollo asado o los bistecs.
—¡Perfecto! Los bistecs y dos ensaladas mixtas.

Más vocabulario
Está echado a
  perder.
Sabe a ajo.
Enseguida se
  lo traigo.
¿Se les ofrece
  algo más?

Puente: Customized Level 2 Review

TEMA
17

REPASO DE VOCABULARIO

Actividades

A Write whether the person speaking is the **cliente** or the **mesero.**

    1. ¿Me trae el menú, por favor? _____________________

    2. ¿Qué me recomienda? _____________________

    3. El plato del día es pollo asado. _____________________

    4. ¿Se le ofrece algo más? _____________________

    5. Tráigame la cuenta, por favor. _____________________

    6. Cómo no, enseguida se la traigo. _____________________

B You will hear four conversations. Decide if the people speaking are **a)** ordering food, **b)** recommending food, **c)** commenting on food, or **d)** talking about how food is prepared.

    1. _____ **2.** _____ **3.** _____ **4.** _____

C Eduardo is a waiter in a restaurant and is speaking with a customer. Match the each of his questions with the customer's response.

    _____ **1.** Le recomiendo el plato del día.

    _____ **2.** ¿Qué le sirvo de tomar?

    _____ **3.** ¿Le gusta el bistec?

    _____ **4.** ¿Le traigo un vaso de agua?

    _____ **5.** ¿Se le ofrece algo más?

a. Prefiero ver el menú.
b. Un flan de vainilla, por favor.
c. No, mejor me trae un jugo.
d. Un té con limón.
e. Está sabroso.

D Complete the conversation below with the words in the box.

qué nos recomienda	**bistec a la parrilla**	**el plato del día**
qué tal está	**trae dos**	**aguada**

—(1)¿_____________________ para comer?

—(2)_____________________ está muy rico. Es

(3)_____________________.

—Mmm, qué rico, ¿nos (4)_____________________, por favor?

—Cómo no. ¿Se les ofrece algo más?

—Sí. ¿(5)_____________________ la sopa de ajo?

—Está (6)_____________________. Le falta sabor.

—Entonces nada más.

  (**82**)

Una dieta balanceada

REPASO DE VOCABULARIO

Se recomienda comer...

Es buena idea
evitar la comida
rápida porque lleva
mucha grasa y
mucha sal.

No se debe comer demasiada
grasa ni tanto dulce.

No hay que beber mucho café
ni echarle mucho azúcar.

¿Cómo se prepara...? ¿Qué lleva?

Mariscos con limón y naranja

Para 4 personas

Ingredientes

mariscos	ajíes
jugo de limón	ajo picado
jugo de naranja	aceite
sal y pimienta	especias

En un plato hondo se añade el jugo de limón y naranja con ajo,
ajíes, sal, pimienta y especias a los mariscos. Se mezcla y se deja
en el refrigerador por cuatro horas.

Luego se saca del refrigerador, se le echa el aceite y se hornea
por 20 minutos. Después de hornear se le puede añadir más
jugo de limón y naranja al gusto.

—¿Crees que tenemos demasiados mariscos?
—Ni idea. Tenemos un kilo. Creo que es
suficiente para cuatro personas.
—¿Cuántos limones y naranjas debemos cortar?
—No sé. No dice.
—Entonces, ¿cuántas tazas de jugo se le echa?
—Tampoco dice.

—Tenemos que picar el ajo.
—¿Cuánto? ¿Dos cucharadas? ¿Una
cucharadita?
—No sé. Échale dos cucharadas.
Tendremos que añadir todos los
ingredientes al gusto.

Más vocabulario
la vitamina
la proteína
cocido(a)
crudo(a)
tostado(a)
nutritivo(a)
los carbohidratos
en trozos

Holt Spanish

Puente: Customized Level 2 Review

Actividades

A Complete the sentences with the correct word from the box.

recetas	picar	ingredientes	especias	cucharada

1. Mi mamá tiene las mejores _________________ para hacer dulces.

2. La receta dice que debo echar una _________________ de aceite.

3. A mí me encanta añadir muchas _________________.

4. Hay que _________________ el ajo antes de echarlo.

5. Una receta normalmente tiene una lista de _________________.

B Escucha un programa de radio sobre cocina. Luego contesta las preguntas.

1. ¿Qué está preparando doña Pepa? _________________________________

2. ¿Cuáles son dos ingredientes? _________________________________

3. ¿Por cuánto tiempo se cubren los mariscos? ___________________________

4. ¿Cuánta sal le echa doña Pepa a los mariscos? _______________________

5. ¿Cómo se cocinan los mariscos? _________________________________

C Complete the recipe below with the words from the box. Then put the instructions in order, starting with **a**.

fríen	cocido	hierve	tostados	cortar	añade	especias

Sopa de fideos

____ Cuando el pollo está (1)_________________, sácalo del caldo.

____ Por último, se (2)_________________ el caldo a los fideos y se deja hervir diez minutos.

____ Los fideos se (3)_________________ con un poco de aceite.

____ Para hacer el caldo, se (4)_________________ el pollo en agua con un poco de sal.

____ Cuando los fideos están (5)_________________, se les pone un poco de salsa de tomate.

____ También se puede añadir a los fideos una cucharadita de

(6)_________________ o de ajo. Es importante

(7)_________________ el ajo en trozos pequeños.

La ropa

Ésta es la familia Pérez. Veamos cómo les gusta vestir.

María viste con camiseta, minifalda, calcetines de algodón, y zapatos de tenis.

Rubén y Rocío usan pantalones cortos y camiseta.

Al abuelo le gusta nadar, y para eso se pone su traje de baño y sus chancletas.

A la abuela le gusta usar vestido y sandalias.

La señora Pérez viste con una blusa y pantalones.

El señor Pérez viste con pantalones largos, cinturón, camisa y zapatos.

Más vocabulario
el anillo
el collar
la bolsa
los aretes
el saco
el abrigo
para niños

Para Hombres	Para Mujeres
sombreros	sombreros
trajes	bufandas
camisas	vaqueros
guantes de cuero	guantes de seda
corbatas	faldas a media pierna

Holt Spanish

Puente: Customized Level 2 Review

REPASO DE VOCABULARIO

Actividades

A Tell whether each article of clothing is **para hombres** or **para mujeres**.

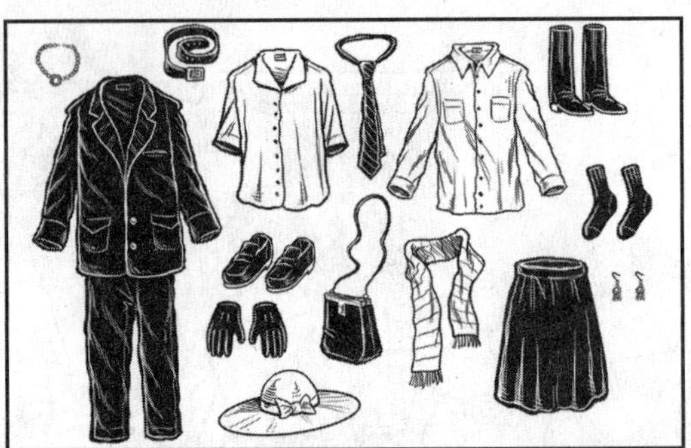

PARA HOMBRES   PARA MUJERES

1. _______________________   2. _______________________

   _______________________   _______________________

   _______________________   _______________________

   _______________________   _______________________

B Listen to the sentences or conversations. Then match each sentence or conversation with the correct picture.

   a   b   c   d   e

1. ____ 2. ____ 3. ____ 4. ____ 5. ____

C Tell whether each sentence is **a) lógico** or **b) ilógico**.

____ 1. Cuando hace frío uso mi suéter de lana.

____ 2. Elena quiere una blusa para hombres.

____ 3. Compré un vestido de seda para la fiesta.

____ 4. Cuando hace calor me pongo una bufanda.

____ 5. Me pongo chancletas para correr.

____ 6. Llevo botas de cuero cuando hace frío.

____ 7. Para nadar necesito un traje de baño.

____ 8. Para dormir me pongo mis vaqueros.

Holt Spanish   Puente: Customized Level 2 Review

¿Cómo me queda?

En los probadores, delante del espejo...

Esta camisa me queda apretada y los pantalones me quedan flojos.

Me veo muy bien con este vestido.

—Este traje me queda mal. Los pantalones son muy cortos y el saco me queda flojo.
—¿Por qué no te pruebas uno de otra talla?

Me gusta esta camiseta y este pantalón, pero juntos no hacen juego.

¡Venta de liquidación!

—¿Encontró lo que buscaba?
—Bueno, quería una falda pero no encontré nada en mi talla.

—¿En qué le puedo servir?
—¿Cuánto cuesta este vestido?
—Está en oferta, es de 50 pesos.
—¿Y los sombreros también?
—Sí. Están a muy buen precio.

—¿Qué número usa usted?
—El once.
—Me quedan flojos. ¿Los tiene en un número menos?
—Sí, ya se los traigo.

—¿Te probaste algo?
—Sí, los vestidos que estaban en oferta. La cajera me cobró demasiado, pero cuando le enseñé la etiqueta, me dio un descuento.
—¿No compraste el sombrero?
—No, no me quedó bien.

Más vocabulario
el (la) dependiente
el recibo
pagar con tarjeta/
  en efectivo

Holt Spanish

Puente: Customized Level 2 Review

REPASO DE VOCABULARIO

Actividades

A Complete the sentences with the words from the box.

cajero	**precio**	**número**	**espejo**
minifalda	**guantes**	**etiqueta**	**pantalones**

1. María necesitaba un _________________ para verse con el vestido.

2. El precio del traje estaba en la _________________.

3. Tengo las manos muy frias, necesito un par de _________________.

4. Esta _________________ es muy corta, necesito algo más largo.

5. ¿Cuál es la talla de estos _________________?

6. Pregúntale al _________________ cuánto cuesta esta camisa.

B Choose the best reply for each question.

_____ 1. ¿Cómo me veo con este traje?

_____ 2. ¿Dónde puedo cambiar estas botas?

_____ 3. ¿Están las camisas en oferta?

_____ 4. ¿Dónde puedo probarme este vestido?

_____ 5. Me queda apretada esta falda, ¿no?

a. Vaya a la caja con las botas y el recibo original.
b. Los probadores están a la izquierda.
c. La semana que viene vamos a tener una oferta especial.
d. Al contrario, te queda floja.
e. De verdad no te queda bien.
f. Están dos por el precio de una.

C Complete the sentences using the clues below.

1. Es la última venta. La tienda cierra mañana y no vuelve a abrir nunca. Es una venta de _________________.

2. Cuando una persona quiere verse usa el _________________.

3. En la tienda, voy a los _________________ para vestirme.

4. El _________________ es la persona a quien le pagamos.

5. Estos zapatos son demasiado pequeños. Me quedan _________________.

6. Esta falda es demasiado grande. Te queda _________________.

7. Me gustan esa camiseta y esa falda, pero juntos no _________________.

 (**88**)

En el mercado

Mercado de Artesanías

En el Mercado de Artesanías hay de todo. Los puestos tienen un gran surtido de cerámicas, cestas, artículos de cuero, adornos, joyas y tejidos. Se puede regatear y ahorrar mucho dinero. Además, hay música, baile, y ricas empanadas.

—¡Cuarenta pesos! ¿Por una cesta de paja? ¡Es un robo!
—Bueno, se la regalo por 20 pesos, pero es mi última oferta.

—¡Qué lindas máscaras! ¿Cuánto valen?
—¿Cuál le gusta más?
—Me gustan aquellas dos. ¿Y si le compro dos?
—Le voy a dar un precio muy especial. Valen 40 pesos cada una, pero le dejo las dos en 50 pesos.
—¿Son talladas a mano?
—Claro, de la mejor madera.
—Me las llevo.

—Buenos días. ¿En qué le puedo servir?
—Estoy buscando un regalo para mi amiga.
—Tenemos un gran surtido de tejidos de algodón.
—¿Cuánto vale el de la pared?
—Ése vale 50 pesos.
—Es demasiado para mí. ¿Me puede rebajar el precio?
—Bueno, se la dejo en 35 pesos, ¿le parece?

—¿Estas cerámicas son de barro?
—Sí, y están en oferta por 15 pesos.
—¡Quince pesos! ¡Qué ganga!

Más vocabulario
pagar en efectivo
el collar de oro/de plata
de acero/plástico/piedra/vidrio

Puente: Customized Level 2 Review

REPASO DE VOCABULARIO

Actividades

A Match what is being said to the corresponding picture.

   a.   **b.**   **c.**   **d.**   **e.**

_____ **1.** Tengo ganas de comprar adornos de cerámica para la casa.

_____ **2.** ¿Cuánto cuesta el tejido?

_____ **3.** Estas cestas son lindísimas. ¿Están hechas a mano?

_____ **4.** ¿Es de plata este collar con joyas? ¿Cuánto vale?

_____ **5.** ¿Cuánto vale este suéter?

B Escucha la descripción de un lugar muy conocido en Santiago. Luego completa cada oración con la respuesta correcta.

1. Los Graneros del Alba es _____.

  a. un mercado de artesanías   **b.** un centro commercial

2. En este lugar puedes comprar artículos _____.

  a. de todas partes de Chile   **b.** de todo el mundo

3. Entre las joyas que se encuentran allí, hay _____.

  a. anillos y aretes de oro   **b.** collares y cadenas de plata

4. Si vas a Graneros del Alba los fines de semana _____.

  a. puedes patinar sobre hielo   **b.** puedes escuchar música y bailar

5. Si tienes hambre, puedes _____.

  a. probar las empanadas   **b.** ir al restaurante El Gallo

C Complete the following dialog by finding the correct ending on the right.

_____ **1.** —Buenos días, señora,...

_____ **2.** —Estoy buscando...

_____ **3.** —Tenemos un gran...

_____ **4.** —Me gustan mucho...

_____ **5.** —Si compra las tres,...

_____ **6.** —¿Cuánto me las puede...

_____ **7.** —Cien pesos, y...

a. es mi última oferta.

b. le puedo dar un precio especial.

c. ¿en qué le puedo servir?

d. estas cadenas de plata.

e. un regalo para una amiga.

f. rebajar?

g. surtido de artículos.

El clima y la naturaleza

¿Qué tiempo hace?

Hay una tormenta en el pueblo. Se escuchan los truenos y se ven los relámpagos.

Está lloviendo a cántaros en el campo. Dicen que cayó granizo.

Un tornado está pasando por el campo.

Está lloviznando en el lago. Está nublado.

Hubo un terremoto en la ciudad.

Hay un huracán en el mar. Ya se siente el viento húmedo en la costa.

En el bosque se ven los pájaros en los árboles y algunos osos cerca del río. Hoy está soleado y hace fresco.

Durante el invierno nieva en las montañas y hace mucho frío. En la primavera la nieve comienza a derretirse.

Al otro lado de las montañas está el desierto. El clima es árido y seco.

En el desierto hay cactus, lagartos y serpientes. La temperatura hoy va a llegar a 45 grados centígrados. Hace mucho calor. No hay brisa.

Puente: Customized Level 2 Review

REPASO DE VOCABULARIO

Actividades

A Write the place being described.

1. Es el lugar adonde va la gente para hacer escalada deportiva y esquiar.

____

2. Es un lugar muy árido. _______________________

3. Es un lugar donde viven muchos peces. No es el mar, tampoco es el lago. El Amazonas es un ejemplo. _______________________

4. Es un lugar donde hay muchos árboles altos y animales.

____

B Escucha mientras varias personas hablan del tiempo y de sus planes. Determina si sus ideas son **lógicas** o **ilógicas.**

1. _______________________   4. _______________________

2. _______________________   5. _______________________

3. _______________________

C Complete the sentences with the correct word(s).

_____ 1. _____ es una planta que vive en lugares secos.
    a. El oso   **b.** El cactus   **c.** La niebla

_____ 2. Durante una tormenta, escuchas el trueno y ves los _____.
    a. relámpagos   **b.** lagartos   **c.** terremotos

_____ 3. Cuando está _____, no se puede ver el sol muy bien.
    a. soleado   **b.** nublado   **c.** húmedo

_____ 4. _____ es un animal que vive en el desierto y no tiene piernas.
    a. La serpiente   **b.** El oso   **c.** El árbol

_____ 5. Si llueve sólo un poco, se dice que está _____.
    a. nevando   **b.** huyendo   **c.** lloviznando

D Circle the word or expression that does not belong to each group.

1. terremoto	tornado	hace fresco	huracán
2. lluvia	seco	relámpagos	truenos
3. calor	nieve	hace frío	invierno
4. soleado	hace calor	hace sol	granizo
5. temperatura	húmedo	hace calor	montaña
6. seco	agua	llovizna	húmedo

 (92)

Preparativos para el viaje

REPASO DE VOCABULARIO

Haciendo una reservación por teléfono...

—Hotel Majestad, buenos días.
—Buenos días, necesito hacer una reservación para dos personas.
—Sí señor, ¿para cuando?
—Para el 30 de marzo, por cuatro días.
—¿Desea pagar en efectivo o con tarjeta de crédito?
—Prefiero pagar con cheque de viajero.
—Muy bien, entonces los esperamos.

Llegando al hotel...

—Bienvenidos al Hotel Majestad. ¿En qué les puedo ayudar?
—Tenemos una reservación para Jorge y Ana Torres.
—Un momento, por favor. Muy bien señor, su habitación es la 205. El botones los acompañará.
[El botones lleva las maletas.]
—Ésta es su habitación ¿Necesitan algo más?
—No gracias, aquí tiene su propina.
—Muchas gracias.

En la oficina de turismo con el agente de turismo...

—Buenas tardes. Estamos buscando información sobre los lugares mas visitados de la ciudad.
—Aquí tienen una guía turística con los lugares de interés. Incluye además algunas farmacias y oficinas de cambio. Señora, aquí tiene un plano de la ciudad.
—Muchas gracias por su ayuda.

En el taxi con el taxista...

—Buenas tardes.
—Buenas tardes. ¿Nos puede llevar a la farmacia? Tenemos prisa.
—Si señor. Si tomo la autopista, llegaremos más rápido.
—Muy bien.

> **Más vocabulario**
> **el farmacéutico**
> **el billete**
> **el (la) turista**

Holt Spanish

Puente: Customized Level 2 Review

Actividades

A Complete the following sentences.

_____ 1. Le aconsejo que use _____ cuando viaja; son más seguros.

    a. cheques de viajero   **b.** billetes de cien

_____ 2. Puedes conseguir un plano de la ciudad en la _____.

    a. oficina de turismo   **b.** oficina de cambio

_____ 3. Esta _____ recomienda el Hotel Majestad.

    a. farmacia   **b.** guía turística

_____ 4. Le damos propina _____ por llevarnos las maletas.

    a. al botones   **b.** al mesero

_____ 5. Si tienes prisa, es mejor _____.

    a. tomar un taxi   **b.** caminar

_____ 6. Necesito una reservación para _____.

    a. un taxi   **b.** el hotel

B Indica con quién habla la señora Paredes en cada conversación.

_____ 1.

_____ 2.

_____ 3.

_____ 4.

_____ 5.

> **a.** un botones
> **b.** el agente de turismo
> **c.** un recepcionista
> **d.** un taxista
> **e.** un famacéutico
> **f.** el cajero en la oficina de cambio

C Complete the sentences using the cues given.

1. La persona que lleva las maletas en el hotel es el

_______________________.

2. Uno pide información en la _______________________.

3. Si uno no paga con tarjeta de crédito o con cheque de viajero, paga en

_______________________.

4. Uno compra pastillas y jarabes en la _______________________.

5. La persona que conduce un taxi es el _______________________.

6. Para conseguir un cuarto en el hotel hay que hacer una

_______________________.

De vacaciones

Hice ecoturismo en las selvas tropicales. Vi cataratas increíbles y muchísimas plantas, pájaros, y árboles. Fue maravilloso pero hacía calor y estaba muy húmedo.

Luego visité las aguas termales. El agua es caliente y te relaja mucho. Allí me hice nuevos amigos.

El desierto es un lugar muy árido donde hay cactus. Fue divertido saltar en paracaídas y explorar las cuevas.

Para visitar el volcán, hicimos senderismo en el Parque Nacional. Vimos un lago bien azul.

La costa es el lugar que más me gustó. Allí me bañé en el mar, hice windsurf y tomé el sol.

Más vocabulario
hacer camping
**pasear en barco/canoa/
bote de vela**

REPASO DE VOCABULARIO

TEMA
24

Actividades

A Complete the sentences with the correct choice on the right.

_______ 1. Paseamos en _____ en el lago.

_______ 2. Saltamos en _____.

_______ 3. La selva tropical estuvo muy _____.

_______ 4. El volcán se encontraba dentro del _____.

_______ 5. Fuimos a _____ en el centro de Madrid.

a. bote de vela
b. un cibercafé
c. paracaídas
d. parque nacional
e. húmeda

B Escucha los comentarios e indica adónde fue la persona.

_______ 1.   _______ 4.

_______ 2.   _______ 5.

_______ 3.   _______ 6.

a. a una selva tropical   **d.** a la costa
b. a las aguas termales   **e.** al centro
c. a un desierto   **f.** a un volcán

C Imagine that you went to the places pictured. For each one, tell where you went, what you did, and how it was. Answer in complete sentences, using the phrases in the word box.

| a las montañas | hice senderismo | hacía fresco | muy seco | a la selva |
| a un parque nacional | muy húmedo | saqué fotos | al desierto | hice camping |

1. Adónde fui: _______________________________________

2. Qué hice: _______________________________________

3. Cómo era: _______________________________________

4. Adónde fui: _______________________________________

5. Qué hice: _______________________________________

6. Cómo era: _______________________________________

7. Adónde fui: _______________________________________

8. Qué hice: _______________________________________

9. Cómo era: _______________________________________

    (96)

Adverbs

> ► Adverbs can modify verbs, adjectives, or other adverbs. They often tell *how, how much, how often, how well,* or *when.*

a tiempo	**después**	**menos**	**siempre**
a veces	**entonces**	**mucho**	**tan**
ayer	**luego**	**muy**	**tarde**
bien	**mal**	**nunca**	**temprano**
casi	**más**	**peor**	**todavía (no)**
demasiado	**mejor**	**poco**	**ya**

> Maribel **siempre** se levanta **muy temprano.**
> **Ayer** llegamos **tarde.**

> ► Many adverbs that tell how something is done are formed by adding **-mente** to the feminine form of an adjective.

> sola ➔ **solamente**   fácil ➔ **fácilmente**

afortunadamente	**desgraciadamente**	**lentamente**
amablemente	**estupendamente**	**nerviosamente**
cariñosamente	**generalmente**	**recientemente**
constantemente	**igualmente**	**típicamente**
correctamente	**inmediatamente**	**tranquilamente**

> Nicolás come **rápidamente.**
> **Generalmente** almorzamos a la una.

Actividades

A Underline the verb and circle the adverbs in the following sentences. Then, say whether the adverb expresses *when, where, how,* or *how often* an action is done.

1. Pedro se baña lentamente . _______________________

2. Normalmente se mira en el espejo por la tarde. _______________________

3. ¿Cómo te secas el pelo tan rápidamente? _______________________

4. Tu tío llegó ayer. _______________________

5. Casi siempre cenamos a las siete. _______________________

6. Aquí hay muchos estudiantes brillantes. _______________________

7. Llovió continuamente durante dos días. _______________________

8. La farmacia está muy lejos. _______________________

  (97)

REPASO DE GRAMÁTICA

B Complete the following sentences with adverbs formed from the adjectives in parentheses.

   MODELO <u>Típicamente</u> (típico) llueve mucho en abril.

   1. Plácido Domigo canta _____________________ (estupendo).

   2. Mi hermana menor salta a la cuerda _____________________ (constante).

   3. _____________________ (desgraciado) yo no sé qué decir.

   4. Llévalo a casa y hazlo allí _____________________ (tranquilo).

   5. Magdalena se despierta _____________________ (fácil) cada mañana.

   6. Mi tía Maricarmen nos habla siempre _____________________ (cariñoso).

   7. La estudiante contesta la pregunta _____________________ (correcto).

   8. La abuela camina _____________________ (lento).

   9. La profesora nos explicó todo muy _____________________ (amable).

   10. Pedro se ducha _____________________ (inmediato) después de
   levantarse.

C Choose the correct adverb in parentheses to complete this paragraph about a birthday party and write it in the blank.

(1)_____________________ (Ayer/Todavía), para el cumpleaños de mi tío

Julio, fuimos al restaurante Casa Miranda. Para la fiesta sorpresa, todos llegamos

(2)_____________________ (tarde/temprano) para poner las mesas y

decorar el restaurante. **(3)**_____________________ (Casi/Siempre) toda la

familia llegó para ayudar. Cuando por fin llegó mi tío, todo el mundo gritó

"¡Sorpresa!" Lo pasamos muy **(4)**_____________________ (bien/mejor) esa

noche. Queremos hacer una fiesta **(5)** _____________________ (igualmente/

desesperadamente) divertida para mi abuela. Vamos a invitar a todas las familias

y a todos sus amigos. **(6)** _____________________ (desgraciadamente/

afortunadamente) ella tiene todos los números de teléfono en un cuaderno.

Va a ser **(7)** _____________________ (mucho/muy) fácil organizar la fiesta.

Mi abuela se lleva **(8)** _____________________ (bien/demasiado) con

todo el mundo y todos querrán ayudar con los preparativos. La queremos

(9) _____________________ (muy/mucho).

Demonstrative Adjectives and Demonstrative Pronouns

TEMA 17

REPASO DE GRAMÁTICA

▶ Demonstrative adjectives are used to point out things with their relationship to the speaker.

	this	these	that	those	that (over there)	those (over there)
MASCULINE	este	estos	ese	esos	aquel	aquellos
FEMININE	esta	estas	esa	esas	aquella	aquellas

—¿Te gusta **ese** collar?
—No. Me gustan más los collares de **aquel** puesto.

▶ Demonstrative pronouns take the place of a demonstrative adjective + noun. Notice they have a written accent mark.

esta cesta → **ésta**   este collar → **éste**

aquella cesta → **aquélla**   ese collar → **ése**

—Esta cesta es más cara que **aquélla.**
—Sí, porque **ésta** es más bonita.

Actividades

A Choose the word that best completes each sentence.

_____ 1. Me gustan más aquellas cadenas de plata que _____ collares de oro.
    a. estas   **b.** éstas   **c.** estos

_____ 2. Este mantel está bordado; _____ no. Éste es mejor.
    a. ese   **b.** ése   **c.** ésas

_____ 3. Prefiero esa figura de vidrio a _____.
    a. aquél   **b.** aquélla   **c.** aquellos

_____ 4. Esta cesta me gusta más que _____.
    a. aquel   **b.** aquélla   **c.** aquello

_____ 5. Estos puestos de aquí tienen un surtido más grande que _____.
    a. ésos   **b.** ésas   **c.** ésa

B Escucha las conversaciones. Indica si la cosa que Rosa prefiere está **a)** cerca o **b)** lejos de ella.

1. _____   5. _____

2. _____   6. _____

3. _____   7. _____

4. _____   8. _____

---

 (99)

REPASO DE GRAMÁTICA

C Rewrite each sentence, substituting the underlined word with the word in parentheses. Change the verbs and demonstrative adjectives as necessary.

MODELO Estas <u>faldas</u> son caras. (pantalones)
Estos pantalones son caros.

1. En esta <u>tienda</u> hay cosas muy bonitas. (almacén)

____

2. Venden tejidos en aquel <u>mercado</u>. (puestos)

____

3. ¿Te gustan esos <u>platos</u> grandes? (cestas)

____

4. ¿Cuánto valen aquellas <u>joyas</u>? (collares)

____

5. Quiero probarme aquel <u>cinturón</u>. (bufanda)

____

D Complete the conversations with the appropriate form of **este, ese,** or **aquel** based on the pictures.

ANA: Me gusta **(1)**_________________ falda.

LUIS: **(2)**_________________ faldas hacen juego con más ropa.

LUIS: ¿Te gustan **(3)**_________________ botas?

ANA: Sí. Y a ti, ¿te gusta **(4)**_________________ color?

LUIS: Quiero comprar **(5)**_________________ sombrero.

LUIS: ¿Cuánto cuestan **(6)**_________________ sombreros?

Double Object Pronouns

TEMA
18

REPASO DE GRAMÁTICA

> ▶ When a direct object pronoun (**me, te, lo, la, nos, os, los, las**) and an indirect object pronoun (**me, te, le, nos, os, les**) are used together in a sentence, the indirect object pronoun always comes first.
> —¿**Me lo** recomiendas?
> —¿El gazpacho? Sí, **te lo** recomiendo.
>
> ▶ The indirect object pronouns **le** and **les** change to **se** when they appear with the direct object pronouns **lo, la, los,** or **las.**
> —¿**Le** dejaron la propina al mesero?
> —Sí, ya **se** lo dejamos.
>
> ▶ In a sentence with a conjugated verb and an infinitive, both object pronouns can be placed before the conjugated verb or be attached to the infinitive.
> —¿Cuándo **me lo** puedes traer?
> —Voy a traér**telo** inmediatamente.
>
> ▶ Direct and indirect object pronouns are placed before negative commands, but attached to affirmative commands.
> —No **se lo** des ahora. Dá**selo** mañana.

Actividades

A Choose the correct object pronouns to complete each of the following sentences.

_____ 1. ¡Nuestro café es delicioso! _____ recomiendo.
    a. Se los   **b.** Se la   **c.** Se lo   **d.** Se las

_____ 2. ¿Quiere dos jugos de piña? _____ traigo enseguida.
    a. Se las   **b.** Se los   **c.** Se lo   **d.** Se la

_____ 3. No nos trajo la cuenta. Voy a pedír_____.
    a. selos   **b.** selas   **c.** sela   **d.** selo

_____ 4. No me gusta esta sopa. Quiero otra. Tráiga_____ inmediatamente.
    a. mela   **b.** sela   **c.** melo   **d.** selo

_____ 5. Hijo, la sopa de ajo está muy salada. No _____ recomiendo.
    a. te los   **b.** te las   **c.** te lo   **d.** te la

_____ 6. El gazpacho está echado a perder. Lléve_____ al cocinero.
    a. sela   **b.** nosla   **c.** noslo   **d.** selo

    (101)

B Complete the sentences, using the verbs in parentheses and double object pronouns.

MODELO ¿Me puede traer el menú?
Sí, enseguida <u>se lo traigo</u> (traer).

1. ¿Nos trae dos tés?

   Sí, en un momento _______________ (traer).

2. Quiero una sopa de ajo, por favor.

   Ahora _______________ (servir).

3. Quiero la cuenta, por favor. ¿Puedes _______________ (traer)?

4. Alfredo, pídele a la mesera dos bistecs a la parrilla.

   Sí, ya _______________ (pedir).

5. ¿Hay que dejar propina para la mesera?

   Sí, debes _______________ sobre la mesa (dejar).

6. Josefina, ¿me recomiendas de postre las fresas con crema?

   Sí, _______________ (recomendar).

C Look at the pictures and answer the questions, using indirect and direct object pronouns.

1. ¿Quién les sirve el agua a los clientes?

   ____

2. ¿Quién le pide el pollo a la mesera?

   ____

3. ¿Quién le pide la sopa a la mesera?

   ____

4. Quién le recomienda el flan a Héctor?

   ____

     (**102**)

Reciprocal Actions and Reflexive Pronouns

TEMA 19

REPASO DE GRAMÁTICA

► Reflexive pronouns indicate that the subject both performs and receives the action of the verb.

yo	**me** vi	nosotros(as)	**nos** vimos
tú	**te** viste	vosotros(as)	**os** visteis
usted, él, ella	**se** vio	ustedes, ellos(as)	**se** vieron

Ellas **se vieron** en el espejo. *They saw themselves in the mirror.*
Me lastimé patinando. *I hurt myself skating.*

► Reciprocal actions involve two or more people doing something to or for each other. This is expressed with a plural verb and the corresponding plural reflexive pronoun.

nosotros(as)	**nos** vimos
vosotros(as)	**os** visteis
Uds., ellos(as)	**se** vieron

Ellas **se vieron** en el mercado. *They saw each other in the market.*
Siempre **nos decimos** la verdad. *We always tell each other the truth.*

► Some verbs that express reciprocal actions are **abrazarse, ayudarse, quererse, respetarse, contarse.**

Siempre **nos contamos** chistes. *We always tell each other jokes.*
¿**Se abrazaron**? *¿Did you hug each other?*

Actividades

A Circle the reflexive pronouns and verb forms, and underline the reciprocal pronouns and verb forms.

MODELO Laura y Luis <u>se escriben</u> correos electrónicos.

1. Tú y yo nos abrazamos cuando nos vemos.

2. Mis padres se quieren mucho.

3. Nos levantamos antes de las siete.

4. Nos vimos en el concierto de rock, ¿te acuerdas?

5. Vosotras os respetáis mucho.

6. Ustedes dos no se hablan, ¿verdad?

7. Pilar y Gloria no se lavaron las manos.

8. Los dos amigos se olvidaron de traer las llaves.

REPASO DE GRAMÁTICA

TEMA 19

B Use the clues to write sentences that show reciprocal actions in the present.

> **MODELO** Marta y Luis / abrazarse / cine
> **Marta y Luis se abrazan en el cine.**

1. Nosotras / ayudarse / tarea ___________________________

   ____

2. Mis primos / contarse cuentos / terror ___________________________

   ____

3. Tu papá y tú / quererse / mucho ___________________________

   ____

4. Ellas / prestarse / libros ___________________________

   ____

5. Mi mamá y yo / respetarse / siempre ___________________________

   ____

C For each picture, write a sentence that describes the action. Indicate in parentheses whether the action is reflexive or reciprocal.

1. Antonia y Rodrigo

2. Paco y Lucía

3. la familia Burgoa

4. Irma, Pablo

5. Hugo y Mari

6. Tía Rosa y Alberto

1. ___________________________

2. ___________________________

3. ___________________________

4. ___________________________

   ____

5. ___________________________

6. ___________________________

Holt Spanish

Puente: Customized Level 2 Review

Por and *Para*

> ► Uses and meanings of **por**
> - *all over, by, through(out), along* or *in* a general area
>   Pasamos **por** el banco y luego dimos una vuelta **por** el mercado.
> - *for* or *during* a period of time
>   Estudiamos **por** tres horas.
> - *for* in the sense of *because of* or *due to* something
>   Gracias **por** comprar los aretes.
> - *in exchange for* when exchanging or buying something
>   Cambié la blusa que compré **por** $15 **por** una blusa más cara.
>   Debes regatear **por** un precio mejor.
> - *through* something or *by (means of)* something
>   Entramos **por** la puerta de atrás.
>
> ► Uses and meanings of **para**
> - *to* or *towards* a place
>   Disculpe, ¿vamos bien **para** el hotel Regal?
> - *to* or *for* when followed by an infinitive to indicate a goal or purpose
>   Susana está estudiando **para** el examen de biología.
> - *to* or *for* a person or thing
>   Los regalos son **para** los niños.

Actividades

A Complete the sentences with **por** or **para.**

1. Pasé _____________ el mercado _____________ comprar una hamaca.

2. Cambié el collar que compré _____________ 200 pesos _____________ unos aretes de plata.

3. ¿Vamos bien _____________ el Mercado Malibrán? Nos dijeron que estaba _____________ aquí.

4. Ya tengo mi vestido _____________ la fiesta de mañana, pero me falta pasar _____________ la zapatería.

5. Gracias _____________ el mantel; es perfecto _____________ mi mesa.

6. Vamos al cine a ver películas _____________ cuatro horas.

7. Fumar es malo _____________ la salud.

8. Siempre entramos a la casa _____________ la puerta del garaje.

REPASO DE GRAMÁTICA

B Complete the sentences in the following paragraph with **por** or **para.**

Le pregunté a mi mejor amiga qué quería **(1)**_______________

su cumpleaños y me pidió unos aretes. Fui al mercado y encontré una

joyería con unos aretes muy bonitos. El joyero quería vendérmelos

(2)_______________ 25 dólares. Le dije que costaban demasiado

(3)_______________ mí. Como los aretes eran el

regalo perfecto **(4)**_______________ mi amiga, regateé

(5)_______________ un precio mejor y me los dejó en 20.

C Answer the questions using the words in parentheses and **por** or **para.**

  1. ¿Cuánto tiempo estuviste en Chile? (dos semanas)

  ____

  2. ¿Cómo entraste al Mercado Central? (la puerta principal)

  ____

  3. ¿Por qué fuiste al mercado? (comprar fruta)

  ____

  4. ¿Por qué compraste ese collar? (regalárselo a mi abuela)

  ____

D Complete the sentences with the correct preterite form of the verb in the first
column, followed by **por** or **para.**

ser pasar hablar correr comprar	por para

  1. El tren _______________________________ Santiago.

  2. Ustedes _______________________________ teléfono.

  3. El regalo _______________________________ ti.

  4. Yo _______________________________ mantenerme en forma.

  5. Joaquín _______________________________ todo el pueblo.

  6. Los aretes _______________________________ mi amiga Laura.

  7. ¿El collar? Rita lo _______________________________ por 30 dólares.

     (106)

Comparatives and Superlatives

**TEMA
21**

REPASO DE GRAMÁTICA

▸ When comparing people, things, or actions that are not equal, use **más...
que** or **menos... que.**
>   Esta camisa es **más bonita que** aquélla.
>   Voy de compras **menos frecuentemente que** tú.
>   Mi mamá tiene **más zapatos que** mi papá.

▸ With comparisons of equality, use **tan + adjective/adverb + como** or
tanto/a/os/as + noun + como.
>   Yo soy **tan atlético como** David Robinson.
>   Hablo español **tan bien como** ella.
>   Esta tienda tiene **tantas faldas como** vestidos.

▸ To single something out as *the most* or *the least,* use the superlative formula
el/la/los/las + noun + más /menos + adjective.
>   Quiero comprar **las corbatas más baratas** de la tienda.
>   ¿Por qué vas a comprar **el CD menos reciente?**

▸ The following comparative and superlative forms are irregular.
>   **mejor(es)** *best*   **mayor(es)** *oldest*
>   **peor(es)** *worst*   **menor(es)** *youngest*

▸ To express extremes with adjectives, add the **-ísimo/a/os/as** ending.
>   Ese vestido es **lindísimo** pero me queda **apretadísimo.**

Actividades

A Underline the comparative or superlative phrase in each sentence and state whether it
is **a)** comparative or **b)** superlative.

MODELO ___b___ Einstein fue el hombre <u>más inteligente</u> de su época.

_____ 1. Rosana sabe mucho más que tú.

_____ 2. Esa señora camina tan despacio como mi abuela.

_____ 3. Gabriela es la mayor de todas las hermanas.

_____ 4. Fernando es el menos tímido de los chicos.

_____ 5. Esos libros son los más divertidos de la biblioteca.

_____ 6. Silvio hace yoga más frecuentemente que Nacho.

_____ 7. Esas dos son las peores películas de este director.

   (107)

REPASO DE GRAMÁTICA

B Complete the sentences with the correct comparative or superlative.

1. Ese centro comercial es pequeño y no tiene muchas tiendas.

Es el _______________________ (mejor/peor) de la ciudad.

2. Raúl y Lorena estudiaron por dos horas. Lorena estudió

_______________________ (tan bien como/tanto como) Raúl.

3. La tienda Maribel tiene cosas bonitas y a buen precio. Es la

_______________________ (peor/mejor) tienda del centro comercial.

4. Carlos terminó sus quehaceres antes que Raúl. Carlos hizo los quehaceres

_______________________ (más rápidamente que/tan lentamente como)
Raúl.

5. La zapatería Rojas tiene zapatos muy lindos. Sus zapatos son

_______________________ (lindísimos/tan lindos como).

C Write complete sentences based on
the picture. Use the clues and
appropriate comparatives or
superlatives.

MODELO botas / ser/ cosa / caro
Las botas son la cosa
más cara.

1. sombrero / ser/ caro / camisa

____

2. pantalones / quedarle / corto

____

3. zapatos / ser/ barato / botas

____

4. calcetines / tener / buen precio

____

5. blusa / quedarle / mal / falda

____

 (108)

The Present Perfect

TEMA
22

REPASO DE GRAMÁTICA

▸ The present perfect is used to describe what has or has not happened very recently or in a period of time up to the present. It is formed by combining the present tense of the verb **haber** followed by the past participle of the main verb.

yo	**he viajado**	nosotros(as)	**hemos viajado**
tú	**has viajado**	vosotros(as)	**habéis viajado**
Ud., él, ella	**ha viajado**	Uds., ellos, ellas	**han viajado**

¿**Has hablado** con Rebeca hoy?

Todavía no **he comido** en ese restaurante.

▸ Past participles of regular verbs are formed by dropping the infinitive ending and adding **-ado** to **-ar** verbs, **-ido** to **-er/-ir** verbs, and **-ído** to **-er/-ir** with stems ending in **-a, -e, -o.**

No **he encontrado** la llave pero estoy seguro que no la **he perdido.**

Todos mis amigos **han leído** ese libro.

▸ Some verbs have irregular participles.

abrir: **abierto**	morir: **muerto**	romper: **roto**
decir: **dicho**	poner: **puesto**	ver: **visto**
escribir: **escrito**	revolver: **revuelto**	volver: **vuelto**
hacer: **hecho**		

Hemos visto la película tres veces.

Actividades

A Complete the sentences with the present perfect of the verbs in parentheses.

1. Este mes _______________________ (llegar) muchos turistas del extranjero.

2. Yo _______________________ (abrir) una tienda para los turistas.

3. _______________________ (pasar) mucha gente por mi tienda.

4. Nosotros les _______________________ (vender) muchas tarjetas postales.

5. ¿Ustedes _______________________ (usar) el café Internet?

6. Tú les _______________________ (escribir) muchos correos electrónicos a tus amigas.

7. Yo te lo _______________________ (decir) muchas veces.

B Escucha las preguntas y escoge la respuesta más lógica.

1. ____   2. ____   3. ____   4. ____   5. ____   6. ____

REPASO DE GRAMÁTICA

C Complete Daniel's e-mail with the correct present perfect form of the boldface verb that comes before each blank.

Hola Elisa,

¿Qué tal? Estoy en Buenos Aires. **Me hospedo** en un albergue juvenil. ¿Tú

(1)_________________ en un albergue juvenil alguna vez? Es interesante.

Mañana voy a **ir** en metro. Mis padres (2)_________________ en metro

muchas veces, pero yo nunca. Las puertas del metro **abren** rápidamente. Oye, ¿tú

(3)_________________ el regalo que te mandé? Fue difícil de **encontrar,**

pero creo que (4)_________________ un regalo muy bonito. No **veo**

muchos de éstos aquí en Argentina. Nosotros no (5)_________________

ninguno en las tiendas. Nos vemos pronto,

Daniel

D Complete the sentences, saying what everyone has already done according to the pictures.

1. 2. 3. 4. 5.

comprar cerámicas	hacer escalada deportiva	hacer esquí acuático
tomar el sol	ver televisión	visitar el castillo

1. Ana ____ .

2. Alberto ____ .

3. El señor Ruiz y Carolina _________________________________ .

4. Yo ____ .

5. Nosotras ____ .

The Future Tense

TEMA
23

REPASO DE GRAMÁTICA

> ▶ The future tense is used to say what *will* or *will not* happen in the future. It can also be used to say *what is probably true* or *is likely to happen.*
>   Nos **veremos** mañana.   *We'll see each other tomorrow.*
>   Begoña **estará** en casa.   *Begoña is probably home.*
>
> ▶ The future tense is formed by adding the following endings to the infinitive form of the verb.
>
> | | | | |
> |---|---|---|---|
> | yo | estar**é** | nosotros(as) | estar**emos** |
> | tú | estar**ás** | vosotros(as) | estar**éis** |
> | usted, él, ella | estar**á** | ustedes, ellos(as) | estar**án** |
>
> ▶ Some verbs are irregular in the future. To conjugate them, add regular future-tense endings to these irregular stems.
>
> | | | | |
> |---|---|---|---|
> | caber: **cabr-** | hacer: **har-** | querer: **querr-** | tener: **tendr-** |
> | decir: **dir-** | poder: **podr-** | saber: **sabr-** | valer: **valdr-** |
> | haber: **habr-** | poner: **pondr-** | salir: **saldr-** | venir: **vendr-** |
>
> ▶ The future of **hay** is **habrá**.
>   **Habrá** mucha niebla.   *There will be a lot of fog.*
>
> ▶ The future can also be expressed with **ir a** + infinitive.
>   **Voy a salir** con mis amigos.   *I'm going out with my friends.*
>   **Vamos a ver** una película.   *We're going to watch a movie.*

Actividades

A Complete the sentences with the future tense of the verbs in parentheses.

1. Yo _________________________ (descubrir) una cura para el cáncer.

2. Tú _________________________ (ser) una gran artista.

3. Los profesores _________________________ (ganar) mucho dinero.

4. Nosotros _________________________ (eliminar) la contaminación de los ríos.

5. La gente _________________________ (poder) viajar en carro por el aire.

6. _________________________ (Haber) paz en el mundo.

7. Muchas personas _________________________ (venir) acá do otros países.

8. Nosotros _________________________ (poder) viajar a otros planetas.

 (111)

REPASO DE GRAMÁTICA

B Write complete sentences using the clues and the future tense to say what everyone is probably doing or what the situation probably is.

MODELO mis padres / ver televisión   **Mis padres verán televisión.**

1. mis amigos / hacer la tarea ___________________________

2. ustedes / querer salir ___________________________

3. tú / estar en el café ___________________________

4. nosotros / salir a jugar ___________________________

5. el profesor / ir a casa ___________________________

C Answer the questions based on the pictures and the cues below.

1.

2.

3.

4.

5.

6.

1. ¿Qué harán en el campo? (explorar cuevas / acampar)

____

2. ¿Adónde irán este verano? (la selva tropical / el desierto)

____

3. ¿Qué harás en tus vacaciones? (windsurf / senderismo)

____

4. ¿Qué vas a hacer si hace buen tiempo? (correr / nadar)

____

5. ¿Qué vas a hacer en las montañas? (acampar / pasear en canoa)

____

6. ¿Qué hará Luis en el parque nacional? (escalada deportiva / senderismo)

____

Holt Spanish   Puente: Customized Level 2 Review

Preterite with Mental and Emotional States

TEMA 24

REPASO DE GRAMÁTICA

▶ The preterite of verbs like **ponerse** and **sentirse** can describe reactions and changes in mental or emotional states that occurred at a specific point in the past.

Nos pusimos contentos cuando ganamas.

Me sentí cansado después del partido.

▶ Whereas the preterite of **ponerse** and **sentirse** indicate change, **estar** is used to talk about being or feeling a certain way for a given period of time.

Estuviste furioso toda la tarde.

Estuve dormido durante la película.

▶ The preterite of **querer** and **saber** refer to changes in a mental or emotional state. In the preterite, **querer** means *wanted (and set out) to do something*, and **no querer** means *refused (to do something)*. **Saber** in the preterite means *found out*.

yo	**quise**	**supe**
tú	**quisiste**	**supiste**
usted, él, ella	**quiso**	**supo**
nosotros(as)	**quisimos**	**supimos**
vosotros(as)	**quisisteis**	**supisteis**
ustedes, ellos, ellas	**quisieron**	**supieron**

Quise llorar cuando **supe** la verdad de su vida.

No **quisieron** cantar con nosotros.

Actividades

A Complete these sentences with the correct form of the words from the box.

estar	ponerse	saber	querer

1. Alonso no _______________ venir conmigo.

2. Cuando el profesor vio las notas en los exámenes, él

   _______________ que los estudiantes no estudiaron.

3. Pili y Ana _______________ preocupadas durante la enfermedad de su hermano.

4. Cuando Nicolás y yo oímos del nacimiento de nuestra hermana,

   _______________ contentos.

5. Después de la graduación, Raúl y yo _______________ salir a celebrar.

6. ¿Cómo se sintió Lourdes cuando _______________ las noticias?

Puente: Customized Level 2 Review

REPASO DE GRAMÁTICA

TEMA 24

B Escucha lo que dicen las siguientes personas. Di si cada persona está hablando
a) de sí mismo(a) *(himself or herself)*
b) de sí mismo(a) y otra persona u otras personas
c) de otra persona

1. ____   3. ____   5. ____   7. ____

2. ____   4. ____   6. ____   8. ____

C Complete the sentences with the correct preterite form of the verbs in parentheses.

1. ¿Cómo _________________ (sentirse) tú cuando oíste las noticias de la fiesta?

2. Cuando yo _________________ (saber) las noticias de la fiesta me puse muy contento.

3. ¿_________________ (ponerse) preocupados Juan y Luis cuando oyeron de la enfermedad de su abuela?

4. Mi tía _________________ (estar) contenta durante el bautizo de su hijo.

5. Cuando Lupe y yo nos enteramos de la muerte de nuestro tío Alfonso _________________ (querer) llorar.

D Answer the questions about the people in the picture, using the phrases in the word box.

ponerse a gritar
sentirse contento(a)
querer compartir el juguete
estar callado(a)
estar tranquilo(a)

1. ¿Por qué se pelearon los niños?

____

2. ¿Cómo reaccionó el padre cuando su equipo ganó?

____

3. ¿Cómo reaccionó la madre cuando supo la noticia?

____

4. ¿Cómo estuvo la niña toda la tarde?

     (114)

Imperfect: Regular and Irregular Forms

TEMA **25**

REPASO DE GRAMÁTICA

► The imperfect is used talk about the past, but it has different uses than the preterite. Whereas the preterite tells what happened, the imperfect describes *how things used to be, what someone used to do,* and *what things were like.*

	-ar	-er	-ir
yo	habl**aba**	com**ía**	viv**ía**
tú	habl**abas**	com**ías**	viv**ías**
usted, él, ella	habl**aba**	com**ía**	viv**ía**
nosotros(as)	habl**ábamos**	com**íamos**	viv**íamos**
vosotros(as)	habl**abais**	com**íais**	viv**íais**
ustedes, ellos(as)	habl**aban**	com**ían**	viv**ían**

De niño, **vivía** en una casa que **tenía** un jardín muy grande.

Siempre **jugábamos** al escondite por las tardes.

► The imperfect of **soler** + infinitive is used to say what someone usually did. The imperfect form **había** means *there was/were* or *there used to be.*

De pequeña, **solía** coleccionar muñecas.

Había tres gatos en la casa de mi abuela.

► The verbs **ir, ser,** and **ver** are the only irregular verbs in the imperfect.

iba	íbamos	era	éramos	veía	veíamos
ibas	ibais	eras	erais	veías	veíais
iba	iban	era	eran	veía	veían

A veces **veíamos** dibujos animados cuando **íbamos** a tu casa.

Yo **era** obediente y mis hermanas **eran** traviesas.

Actividades

A Complete the conversation with the imperfect of the verbs in parentheses.

—¿Recuerdan cuando nosotros (1)_________________________ (ser) pequeños?

Siempre (2)_____________________ (ir) al parque por las tardes.

—Sí, Marcos siempre (3)_____________________ (molestar) a Susana

porque ella no podía trepar a los árboles.

—Pero ella siempre le (4)_____________________ (ganar) cuando ellos

(5)_____________________ (echar) carreras en el parque.

—Nosotros siempre (6)_____________________ (hacer) alguna travesura.

¿Se acuerdan cuando rompimos la lámpara de la sala?

 (115)

REPASO DE GRAMÁTICA

B Un joven habla de cómo se lleva con su hermano ahora y cómo se llevaban de niños. Indica si cada oración describe su relación **a)** ahora o **b)** cuando eran niños.

1. ____   3. ____   5. ____   7. ____

2. ____   4. ____   6. ____   8. ____

C Complete each sentence with the imperfect form of the verb in boldface.

MODELO Ahora no **haces** travesuras, pero antes <u>**hacías**</u> muchas.

1. Ahora **vivimos** en una casa, pero antes _________________ en un apartamento.

2. Ahora mis amigos **ven** películas de terror, pero antes _________________ dibujos animados.

3. Ahora **solemos** jugar al básquetbol, pero antes _________________ jugar al fútbol.

4. Ahora **me acuesto** a las diez, pero antes _________________ a las ocho.

5. Casi nunca **vamos** a la playa, pero antes siempre _________________.

D Write five sentences about what everyone used to do at the park.

MODELO **Los niños jugaban en el parque.**

1. Tú ____.

2. Carmen y Adela ____.

3. Estela y Beatriz ____.

4. Yo ____.

5. Jorge ____.

6. Vosotros ____.

Puente: Customized Level 2 Review

Preterite and Imperfect for Storytelling   TEMA **26**

REPASO DE GRAMÁTICA

> ▶ When telling a story, the **imperfect** is used to say what people and things were like, to set the scene, and to say what was going on when something else happened. The **preterite** is used to tell what happened or what changed.
>
> Alejandro **era** muy curioso. Todas las tardes **iba** a explorar. Un día, mientras **caminaba** por el bosque, **vio** un lobo gris.
>
> ▶ The following expressions are used
> - to begin a story
>   **Érase una vez…**   **Había una vez…**   **Hace unos (muchos, diez) años…**
>   **Hace mucho tiempo…**
> - to say what happened
>   **de repente**   **enseguida**   **un día**
> - to continue the story
>   **fue cuando**   **entonces**   **luego**   **después**
> - to end the story
>   **por fin**   **al final**   **vivieron felices**   **así fue que**
>
> **Había una vez** un niño muy curioso. **Un día,** el niño fue al bosque a explorar. **Fue cuando** vio un lobo gris y grande. **Entonces** empezó a gritar. Al lobo no le gustó el ruido y **al final** huyó.

Actividades

A Complete the story of Goldilocks with the correct words from the box.

De repente	sentó	era	Había	por fin
Un día	probó	vivían	salió	entonces

(1)______________________ una vez una niña que se llamaba Ricitos de Oro.

(2)______________________, Ricitos de Oro (3)______________________ a

caminar por el bosque. (4)______________________ ella vio una casa y entró,

pues ella (5)______________________ una niña muy curiosa. Allí había tres platos

hondos de sopa, tres sillas y tres camas. Ricitos de Oro

(6)______________________ la sopa del plato más pequeño. Luego se

(7)______________________ en la silla más pequeña, ¡y la rompió! Tenía sueño,

(8)______________________ se acostó en la cama más pequeña y se durmió. Poco

después llegaron tres osos. ¡Ellos (9)______________________ en esa casa! Ricitos

de Oro se despertó y salió corriendo por la ventana.

 (117)

TEMA
26

REPASO DE GRAMÁTICA

B Complete each sentence with the correct preterite or imperfect form of the verbs in parentheses.

1. Érase una vez un lobo rojo que ___________________ (ser) muy
inteligente y que ___________________ (vivir) en el bosque.

2. ___________________ (Llamarse) Barrigón *(Tubby)* porque le
___________________ (gustar) mucho comer.

3. Una noche, el lobo ___________________ (salir) de su cueva porque
___________________ (tener) mucha hambre.

4. Él ___________________ (oír) a dos búhos que
___________________ (contarse) chistes.

5. ___________________ (Haber) mucha niebla. Buscó a los búhos pero
no ___________________ (poder) encontrarlos.

C Fill in the blanks with appropriate phrases or verb forms to begin, continue, or end the story pictured.

un día / érase una vez

1. ___________________ una muchacha triste
que siempre tenía que limpiar.

2. ___________________ llegó a su casa un
príncipe *(a prince)*.

ponerse / abrir / enseguida

3. La muchacha ___________________ la
puerta y ___________________ el príncipe
ofreció ayudarla.

4. Ella ___________________ muy contenta.

luego / terminar / así fue que

5. El príncipe ___________________ de limpiar
toda la cocina, y ___________________ él
arregló todos los cuartos.

6. ___________________ se hicieron buenos
amigos.

 (118)

Preterite and Imperfect: Summary of Uses

TEMA 27

REPASO DE GRAMÁTICA

▶ The **preterite** is used to talk about
- what happened on a specific occasion or a specific number of times
  Ayer **fuimos** al parque y **nos trepamos** al árbol tres veces.
- what happened or how things were for a specific period of time
  Estuvimos en la playa por dos semanas.
- a sequence of events
  Entramos y **nos quitamos** los zapatos.
- a change or a reaction to something
  Sentí miedo cuando vi la serpiente.

▶ The **imperfect** is used to
- say what people, places, and things were generally like
  En 1940, no **había** mucho tráfico.
- say what used to happen for an unspecified period of time
  Siempre **viajábamos** por tren.
- set the scene or give background circumstances
  Era la medianoche y no **había** nadie en las calles.
  No fui al concierto porque **me sentía** mal y no **tenía** dinero.
- say what was going on when something else happened
  Dábamos una caminata cuando de repente empezó a llover.

Actividades

A Write whether the underlined verb is in the preterite (P) or in the imperfect (I). Then say how it is used in the sentence.

MODELO Hace muchos años, <u>había</u> una casa mágica.
I—set the scene

1. De niña, Laura <u>era</u> muy callada.

   ____

2. Ana <u>se puso</u> contenta cuando vio el regalo.

   ____

3. <u>Jugamos</u> al fútbol, <u>nos duchamos</u> y <u>nos fuimos</u> a casa.

   ____

4. No lo compré porque <u>costaba</u> demasiado.

   ____

5. El niño <u>se puso</u> a gritar cuando vio el búho.

   ____

Puente: Customized Level 2 Review

 (119)

REPASO DE GRAMÁTICA

B Choose the correct verb form in parentheses to complete the paragraph.

Martín **(1)**_______________ (fue/iba) a Sevilla en abril. Él

(2)_______________ (tuvo/tenía) muchas ganas de conocer esa ciudad.

Le **(3)**_______________ (parecía/pareció) un sueño *(dream)* estar allí. Se

(4)_______________ (hospedaba/hospedó) con unos parientes. Martín se

(5)_______________ (puso/ponía) muy contento cuando oyó que en abril

se celebraban las fiestas de Sevilla. Todas las mujeres **(6)**_______________

(iban/fueron) vestidas con trajes de colores y flores en el pelo. La celebración

(7)_______________ (estuvo/estaba) muy divertida.

C Write the correct preterite or imperfect form of the verbs in parentheses to complete each sentence about Julio's summer trip.

1. En el verano fui a Perú. Siempre _______________ (hacer) muy buen tiempo allí.

2. El primer día yo _______________ (recorrer) el centro de Lima.

3. En el mercado _______________ (haber) muchos recuerdos que quería comprar.

4. Mi padre exploraba la selva cuando él _______________ (ver) una serpiente.

D Imagine you went to the place in the picture. Tell **1)** where you went, **2)** what you did, and **3)** what there was.

1. _______________________________

____

____

2. _______________________________

____

____

3. _______________________________

____

Subjunctive: Regular Forms

TEMA
28

REPASO DE GRAMÁTICA

▶ When one sentence is joined to another sentence that expresses a hope, a wish, advice, or an opinion, the verb after **que** is in the subjunctive.

▶ These expressions are followed by the subjunctive.

querer que	**recomendarle que**	**es importante que**
preferir que	**aconsejarle que**	**es mejor que**
esperar que	**sugerirle que**	**es buena idea que**
ojalá que		

Mis padres <u>quieren que</u> yo **estudie** mucho. ¿<u>Es importante que</u> les **escuche**?

▶ When the speaker is talking about him- or herself, or is referring to people in general, the infinitive follows the expressions in the above box.

Mis padres <u>quieren</u> **viajar** a Perú.
<u>Es buena idea</u> **llegar** temprano al aeropuerto.

▶ The present subjunctive of regular verbs is formed by adding the following endings to the stem of the present indicative **yo** form.

	comprø (-ar)	**conozcø (-er)**	**salgø (-ir)**
yo	compr**e**	conozc**a**	salg**a**
tú	compr**es**	conozc**as**	salg**as**
usted, él, ella	compr**e**	conozc**a**	salg**a**
nosotros(as)	compr**emos**	conozc**amos**	salg**amos**
vosotros(as)	compr**éis**	conozc**áis**	salg**áis**
ustedes, ellos(as)	compr**en**	conozc**an**	salg**an**

Actividades

A Write whether each underlined verb is in the indicative or subjunctive mood.

1. Mi abuela nos <u>contó</u> una historia muy bonita. _______________

2. Te sugiero que te <u>hospedes</u> en una pensión. _______________

3. <u>Pensamos</u> salir el día 17. _______________

4. Ojalá que <u>conozca</u> a muchos argentinos. _______________

5. Quiero que <u>estemos</u> todos juntos. _______________

6. Siempre lo <u>pasamos</u> muy bien en el pueblo. _______________

7. Espero que <u>haga</u> buen tiempo. _______________

8. Así, <u>podemos</u> tomar el sol todos los días. _______________

 (121)

TEMA
28

REPASO DE GRAMÁTICA

B Escucha mientras Luisa le cuenta a su amiga Marta de sus vacaciones. Luego escoge las oraciones que corresponden a la conversación.

_______ 1. **a.** Luisa espera hacer muchas cosas con sus primos.

  b. Los primos de Luisa esperan que ella haga muchas cosas con ellos.

_______ 2. **a.** Luisa prefiere pasar el rato con su tía Carmen.

  b. La tía Carmen prefiere que Luisa pase el rato con ella.

_______ 3. **a.** Luisa quiere aprender a saltar en paracaídas.

  b. Sus primos quieren que Luisa aprenda a saltar en paracaídas.

_______ 4. **a.** Luisa y su tía prefieren asistir a conciertos.

  b. Luisa y su tía prefieren que los primos asistan a conciertos con ellas.

C Complete each sentence with the subjunctive form of the verb in parentheses.

MODELO Es importante que todos <u>estén</u> (estar) contentos en la isla.

1. Raúl espera que su papá _______________________ (comprar) unos binóculos.

2. Mariana quiere que todos _______________________ (conocer) cuevas.

3. Jaime quiere que tú _______________________ (salir) a caminar por la playa.

4. Yo sugiero que papá _______________________ (aprender) a volar con ala delta.

5. Ojalá que nosotros _______________________ (quedarse) más tiempo en la isla.

D Complete the sentences according to the pictures and with the subjunctive of the underlined verbs.

FARMACIA   HOTEL VERDE   CASTILLO   LA ORILLA DEL MAR

    1.   2.   3.   4.

1. —¿Dónde puedo <u>comprar</u> jarabe?

   —Le sugiero que ____.

2. —¿<u>Tomo</u> un taxi para ir al castillo?

   —No. Es mejor que usted _______________________________________.

3. —¿Dónde puedo <u>comer</u> mariscos?

   —Le recomiendo que _______________________________________.

4. —¿<u>Llevo</u> mi tarjeta de crédito al mercado central?

   —Le aconsejo que _______________________________________.

Subjunctive: Stem Changes and Spelling Changes

- ▶ The subjunctive is used after an expression of hope, wish, advice, or opinion such as **querer que, esperar que, sugerir que,** or **es importante que.**

- ▶ Most **-ar** and **-er** stem-changing verbs have the same stem changes in their present subjunctive forms.

pensar (ie)		**volver (ue)**	
piense	pensemos	vuelva	volvamos
pienses	penséis	vuelvas	volváis
piense	piensen	vuelva	vuelvan

- ▶ The subjunctive forms of stem-changing **-ir** verbs have the following stem changes.

dormir (o → ue, u)	**sentirse (e → ie, i)**	**pedir (e → i)**
duerma	sienta	pida
duermas	sientas	pidas
duerma	sientas	pida
durmamos	sintamos	pidamos
durmáis	sintáis	pidáis
duerman	sientan	pidan

- ▶ Verbs ending in **-car, -gar, -zar, -ger,** and **-guir** have spelling changes in the subjunctive. They have regular endings, however.

buscar:	que yo **busque**	llegar:	que yo **llegue**
recoger:	que yo **recoja**	seguir:	que yo **siga**
empezar:	que yo **empiece**		

No quiero que **busques** problemas.   Es mejor que **sigan** mi consejo.

Actividades

A Complete the sentences with the correct forms of the verbs in parentheses.

1. Te recomiendo que _________________ (empezar) a hacer la maleta ya.

2. Es mejor que nosotros _________________ (buscar) los museos en el plano de la ciudad.

3. Es importante que ustedes _________________ (llegar) temprano.

4. Arturo me aconseja que _________________ (sacar) muchas fotos.

5. Mónica espera que tú _________________ (volver) pronto.

6. Papá prefiere que nosotros no _________________ (dormir) hasta tarde.

7. Es mejor que yo _________________ (acostarse) temprano.

B Write suggestions to a traveler to the United States, using the cues in parentheses.

> **MODELO** Me gusta ver grandes ciudades. (sugerir/empezar el viaje/Nueva York)
> **Te sugiero que empieces el viaje en Nueva York.**

1. Me gusta la escalada deportiva. (aconsejar/llegar a las montañas/Colorado)

____

2. Me gusta la comida picante. (sugerir/probar/comida Tex-mex)

____

3. Me gusta asistir a rodeos. (recomendar/organizar un viaje/Texas)

____

4. Me gusta tomar el sol. (es mejor/llegar enseguida/Florida)

____

5. Me gusta comer pizza. (es importante/buscar restaurantes/Chicago)

____

C Say what the people in the pictures hope for. Use **Ojalá que** and the correct phrase from the box. Use the subjunctive form of the verb.

1.

2.

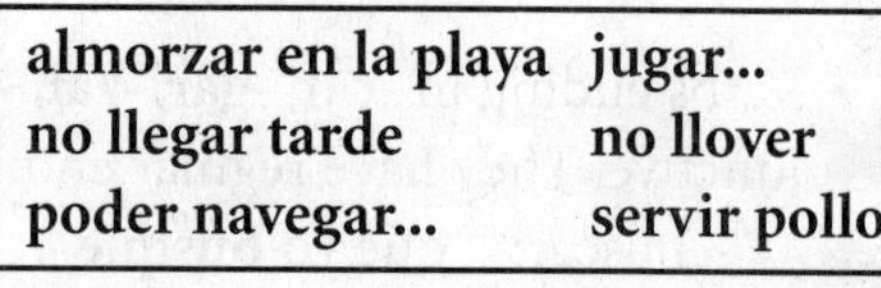

almorzar en la playa	jugar...
no llegar tarde	no llover
poder navegar...	servir pollo

1. _______________________________

2. _______________________________

3. _______________________________

4. _______________________________

5. _______________________________

3. 4.

6. _______________________________

5. 6.

Subjunctive: Irregular Forms

TEMA
30

REPASO DE GRAMÁTICA

> ► Remember to use the subjunctive after an expression of hope, wish, advice, or opinion such as **querer que, esperar que, sugerir que,** or **es importante que.**
>
> ► The following verbs are irregular in the present subjunctive. The subjunctive of **hay** is **haya.**
>
> | ir | ser | estar | dar | saber |
> |---|---|---|---|---|
> | **vaya** | **sea** | **esté** | **dé** | **sepa** |
> | **vayas** | **seas** | **estés** | **das** | **sepas** |
> | **vaya** | **sea** | **esté** | **dé** | **sepa** |
> | **vayamos** | **seamos** | **estemos** | **demos** | **sepamos** |
> | **vayáis** | **seáis** | **estéis** | **deis** | **sepáis** |
> | **vayan** | **sean** | **estén** | **den** | **sepan** |
>
> La guía turística recomienda que **vayamos** a Playa Blanca.
> Espero que esa playa **sea** bonita y que no **haya** mucha gente.

Actividades

A Complete the paragraph with the correct subjunctive form of each verb in parentheses.

Espero que la temperatura no **(1)**_______________ (estar) muy

alta porque quiero hacer camping. Papá quiere que nosotros

(2)_______________ (hacer) un tour de la ciudad. Prefiero que nosotros

(3)_______________ (dar) muchas caminatas por el desierto. Ojalá

que tú y yo **(4)**_______________ (ir) al parque. Quiero que nosotros

(5)_______________ (conocer) este parque muy bien.

B Complete the conversation between Sonia and her mother with the subjunctive forms of the verbs in parentheses.

MODELO Espero que nosotros <u>vayamos</u> (ir) al bosque.

—Ojalá que papá **(1)**_______________ (saber) poner la tienda de campaña.

—Tu papá quiere que ustedes **(2)**_______________ (remar) en el lago.

—Sí, vamos a remar, pero ojalá que no **(3)**_______________ (haber) viento.

— Sonia, ojalá que cuando nosotros **(4)**_______________ (estar) allá tú no

   (5)_______________ (ser) perezosa.

C Give the following people advice on where to go based on their preferences. Include the phrase **aconsejo que,** a form of **ir,** and an appropriate place.

MODELO Maruca quiere ver animales.
Aconsejo que vaya al zoológico.

1. Héctor y Daniel quieren nadar.

____

2. Tú y yo queremos ver arte.

____

3. Matilde quiere remar.

____

4. Yo quiero dar una caminata con mi perro.

____

5. Fernanda quiere ver una película.

____

D Write complete sentences based on the pictures to say that you hope these people get to do the things pictured.

Modelo   **1.**   **2.**   **3.**   **4.**

MODELO Luis (leer/tomar el sol)
Espero que Luis tome el sol durante sus vacaciones.

1. Marisa y Fido (dar una caminata/hacer escalada deportiva)

____

2. Pablo (hacer windsurf/saber saltar en paracaídas)

____

3. Olga (ir a París/observar la naturaleza)

____

4. Nuria (hacer windsurf/estar con sus amigos)

____

Holt Spanish

Puente: Customized Level 2 Review

Answers: Part 1
Repaso de vocabulario

Tema 1

A 1. sí 2. no 3. no 4. no 5. sí

B 1. c 2. c 3. a 4. c 5. b

C 1. No es perezosa.
2. No son antipáticos.
3. No es tímida.
4. No son viejos.
5. No es gordo.

Tema 2

A 1. e 2. a 3. f 4. c 5. d 6. b

B 1. a 2. d 3. f 4. b 5. c 6. f

C 1. Arregla los dientes.
2. Es programadora.
3. Es profesor.
4. Sabe apagar incendios.
5. Es comerciante.

D 1. conductor 4. mujer cartero
2. profesora 5. conductor
3. comerciante

Tema 3

A 1. estás 7. quién
2. Conoces 8. conoces
3. Encantado 9. presentas
4. Tanto tiempo 10. hace que
5. de nuevo 11. Qué tal si
6. Lo de siempre

B 1. ¡Cuánto tiempo! (¡Tanto tiempo sin verte!)
2. cuánto tiempo hace que usted vive en Honduras
3. sigue usted enseñando español?
4. te llamo más tarde

Tema 4

A 1. ~~la estufa, el horno~~
2. ~~el fregadero, la lavadora~~
3. ~~el jardín, el escritorio~~
4. ~~la secadora, el césped~~

B 1. c 2. f 3. e 4. b 5. d 6. a

C 1. b 2. c 3. c 4. b 5. a

D 1. sala 5. mesita
2. pared 6. habitación
3. techo 7. escritorio
4. sillón 8. mesita de noche

Tema 5

A 1. c 2. b 3. d 4. a

B 1. b 3. g 5. f 7. e
2. a 4. c 6. d

C 1. Debes (Tienes que) lavar los platos.
2. Tienes que arreglar tu habitación.
3. Debes sacudir los muebles.
4. Tienes que poner la mesa.
5. Tienes que darle de comer al perro.

Tema 6

A 1. b 2. a 3. b 4. b 5. b

B 1. d 2. a 3. b 4. c 5. e

C 1. sabe usted dónde está
2. a qué hora abre
3. sabe usted dónde se puede
4. Qué hiciste
5. me podría decir dónde se puede

Tema 7

A 1. derecho 3. derecha
2. semáforo 4. cuadras

B 1. b 2. b 3. a 4. a 5. b 6. b

C 1. la embajada 3. el museo
2. la clínica 4. el almacén

Tema 8

A 1. el cerebro 5. la rodilla
2. el corazón 6. el tobillo
3. el pulmón 7. los huesos del pie
4. el codo

B 1. la piel 6. los oídos
2. el cerebro 7. el estómago
3. los pulmones 8. la nariz
4. los huesos 9. los dedos
5. los ojos 10. la mejilla

C 1. corazón 3. muñeca
2. pie 4. codo

Tema 9

A 1. a 2. a 3. b 4. b 5. b

B 1. me quemé 4. al doctor
2. infectado 5. resfriado
3. hinchado

C 1. Debe vendárselo.
2. Caliéntate y estírate antes de hacer ejercicio.
3. Deben tomarse este jarabe.
4. Debe descansar.

Puente: Customized Level 2 Review

Tema 10

A 1. a 2. d 3. e 4. f 5. c 6. b

B 1. c 2. d 3. b 4. e 5. a

C 1. lavarme los dientes.
2. recoger a mis hijos.
3. ducharme.
4. agarrar (traer) el paraguas.
5. apagar las luces.

Tema 11

A 1. f 2. d 3. a 4. b 5. c

B 1. el debate: MAL
2. la natación: MAL
3. el patinaje en línea: BIEN
4. la lucha libre: MAL
5. el golf: BIEN
6. el atletismo: BIEN

C 1. d, la lucha libre
2. b, el atletismo
3. a, la equitación
4. c, la gimnasia

Tema 12

A 1. c 2. a 3. d 4. b

B 1. c 2. d 3. a 4. b 5. e

C 1. páginas 4. crear
2. el rato 5. tocar
3. tejer

Repaso de gramática
Tema 1

A 1. cantan; -an; regular
2. comen; -en; regular
3. duermo; -o; stem-changing
4. van; -an; irregular
5. salimos; -imos; regular

B 1. a 2. c 3. b 4. a 5. b 6. c

C 1. b 3. a 5. c 7. c
2. c 4. b 6. c

D 1. hago 5. almuerzo
2. viene 6. habla
3. vamos 7. practican
4. hablamos 8. vuelven

Tema 2

A 1. le toca limpiar
2. les gusta bailar
3. nos toca lavar
4. me gusta leer
5. os gusta leer
6. nos toca limpiar
7. te toca cuidar
8. les gusta bailar

B 1. Le gustan más las novelas de amor.
2. Le gustan más las fiestas.
3. Les gusta más hablar de política.
4. Le gustan más las películas de amor.

C 1. Le toca a Alberto.
2. Le toca a Alberto.
3. Les toca a sus hermanas.
4. Les toca a sus hermanas.

D 1. Me parece interesante (aburrido).
2. Me parecen difíciles.
3. Me parece fácil (difícil).
4. Me parece fenomenal.

Tema 3

A 1. es 5. fue
2. es 6. estuvo
3. está 7. estuvo
4. es

B 1. b, es 4. c, son
2. d, estuvieron 5. e, esta
3. e, fue

C 1. fue 4. fue
2. estuvimos 5. fue (estuvo)
3. estuve

D 1. fue 5. estuvimos
2. estuvo (fue) 6. fue (estuvo)
3. estuvieron 7. fue
4. fue 8. fue

Tema 4

A 1. b 3. b 5. e 7. e 9. a
2. d 4. a 6. b 8. a 10. c or e

B 1. sabe 4. conozco
2. sabes 5. conoce
3. saben 6. sabe

C 1. conocen, saben
2. sé
3. sabe, conoce
4. sabe, Conoce
5. conoce, sabe
6. sabemos

D 1. ¿Sabes llegar al restaurante?
2. ¿Conociste al nuevo estudiante?
3. ¿Sabe (usted) cómo se llama el nuevo estudiante?
4. ¿Sabe (usted) leer alemán?

Tema 5

A 1. dormir 4. quieres
2. tomar 5. tenemos
3. comer 6. pedir

B 1. llegar; llega
2. se acuesta; acostarse
3. estudio; estudiar
4. corre; correr
5. invitar; invita

C 1. Estudia antes de almorzar y después de ir a la clase de español.
2. Se acaba de levantar. (Acaba de levantarse.)
3. Almuerza después de estudiar en la biblioteca.
4. Va a estudiar en la biblioteca.
5. Desayuna después de bañarse y antes de salir para el colegio.

Tema 6

A 1. habló; Preterite
2. comieron; Preterite
3. lavo; Present
4. quedan; Present
5. escribí; Preterite
6. cuesta; Present
7. gastaste; Preterite
8. cantamos; Preterite
9. vivieron; Preterite
10. bebió; Preterite

B 1. limpié 4. lavé
2. barrí 5. cenamos
3. sacudí

C 1. lavó 6. comimos
2. escribió 7. saliste
3. pasó 8. sacudieron
4. preparó 9. cortó
5. barrí 10. arreglamos

D 1. Paco y Antonio tomaron café con el profesor esta tarde.
2. Úrsula y yo cortamos el césped y regamos las flores.
3. Tú saliste de la casa para comer.
4. Vosotros vivísteis en Florida muchos años.

Tema 7

A 1. se durmieron 4. siguió
2. saqué 5. murió
3. se cayeron

B 1. a 3. b 5. a 7. a 9. b
2. b 4. a 6. b 8. b

C 1. durmió 5. me caí
2. llegué 6. leyó
3. almorcé 7. siguió
4. leímos

D 1. Arregló 3. Regaste
2. Sacó 4. Empezaron

E 1. Sí, lo arreglé ayer.
2. Sí, las regué esta mañana.
3. Sí, la saqué anoche.

Tema 8

A 1. dimos; Preterite
2. fue; Preterite
3. puedo; Present
4. Visteis; Preterite
5. trajeron; Preterite
6. hicieron; Preterite
7. viniste; Preterite
8. traes; Present
9. Tuve; Preterite
10. anda; Present

B 1. vimos; fuimos; hicieron
2. hizo; anduve; fui
3. vino; tuvo
4. pudo; di

C 1. anduvieron con el teléfono celular; pudieron llamarme
2. fueron al zoológico; vieron los animales
3. fue a las montañas; hizo senderismo
4. vino a visitarme; trajo la bicicleta

Tema 9

A 1. b 2. a 3. c 4. b 5. a

B 1. c 2. a 3. d 4. b

C 1. la verdad; nos
2. información; le; su secretaria
3. un chiste; te
4. la ciudad; les; los turistas

D 1. Sí, las estoy escuchando (estoy escuchándolas).
2. No, no la queremos poner.
3. Sí, lo puedes usar.
4. No, no los voy a hacer ahora.

Puente: Customized Level 2 Review

E 1. les 2. le 3. te 4. nos 5. me

Tema 10

A 1. <u>despierto</u>; yo; me
2. <u>levanta</u>; Mi hermana; se
3. <u>vestimos</u>; Ella y yo OR nosotros(as); nos
4. <u>afeita</u>; Mi padre; se
5. <u>lava</u>; Mi madre; se
6. <u>peinas</u>; Tú; te

B 1. me acuesto
2. se acuestan
3. nos preparamos
4. me pongo
5. relajarme
6. estirarte
7. mantenerte

C 1. Isabel se está lavando (está lavándose) los dientes.
2. Arnulfo está levantando las pesas.
3. María Luisa se está peinando (está peinándose).
4. Zorro se está estirando (está estirándose).

Tema 11

A 1. a 3. b 5. a 7. c
2. a 4. c 6. a

B 1. g 3. a 5. f 7. b
2. c 4. e 6. d

C 1. Se ve   5. Se trabaja
2. Se comen   6. Se sale
3. Se almuerza 7. Se toman
4. Se duerme   8. Se visitan

D 1. No se come en la biblioteca.
2. Se habla inglés aquí.
3. No se pesca en el lago.
4. No se camina en el césped.
5. No se fuma en el aeropuerto.

Tema 12

A 1. (duermas); Neg.
2. (trabajes); Neg.
3. (Haz); Aff.
4. (Despiértate); Aff.
5. (seas); Neg.
6. (vayas); Neg.
7. (Prepárate); Aff.
8. (leas); Neg.

B 1. a 3. a 5. b 7. b
2. b 4. b 6. a 8. a

C 1. vuelvas   5. Limpia
2. Pon   6. pidas
3. vayas   7. sal
4. seas   8. saques

D 1. Haz las camas…
2. No te acuestes tarde...
3. Sirve fruta…
4. Limpia el baño…
5. Paga las cuentas...

E 1. No lo llames.
2. Tráelo ahora.
3. No te acuestes.
4. Olvídate del paraguas.

Tema 13

A 1. (Coma); comer
2. (deje); dejar
3. (Tengan); tener
4. (escalen); escalar
5. (Duerma); dormir
6. (juegue); jugar
7. (Cierren); cerrar
8. (Sigan); seguir

B 1. c 2. b 3. c 4. a 5. b

C 1. a 2. b 3. a 4. b 5. c

D 1. Empiece   4. Corra
2. Suba   5. Vaya
3. pase   6. Cruce

E 1. Alquilen un video.
2. Estudien más.
3. No lleguen tarde.
4. No salgan solos.
5. Organícenla.

Tema 14

A 1. mía   5. nuestro
2. tuyo   6. suya
3. míos   7. suyos
4. tuyas   8. nuestras

B 1. a 3. c 5. a 7. c
2. b 4. b 6. b

C 1. nuestra   5. tuyos
2. tuya   6. míos
3. tuyo   7. nuestros
4. mía

D 1. <u>Mi</u>; <u>el tuyo</u>; <u>El mío</u>
2. <u>Nuestra</u>; <u>La nuestra</u>

3. la suya; La mía

4. Nuestros; los vuestros; Los nuestros

5. Mis; Las suyas

Tema 15

A
1. tampoco
2. nada
3. tampoco
4. Nunca
5. Nadie
6. ninguna

B
1. El gato no duerme debajo de la cama nunca.
2. Yo no duermo debajo de la cama tampoco.
3. Mi hermana no canta en el baño nunca.
4. Yo no canto en el baño tampoco.

C
1. Nadie quiere hacer los quehaceres hoy.
2. El gato nunca come el almuerzo.
3. Cora no necesita nada para la casa.
4. Nadie sabe inglés.

D
1. Nadie es atlético en mi familia.
2. A mí nunca me toca sacar la basura.
3. A mí nada me parece difícil.

Scripts: Part 1

Repaso de vocabulario

Tema 1

A
1. Lucas es muy atlético.
2. Elena y Claudia son bastante simpáticas.
3. Los muchachos son rubios.
4. Tomás es muy trabajador.
5. Victoria es romántica.

Tema 2

A
1. Ricardo trabaja en un restaurante español. Él sabe preparar una paella deliciosa.
2. La señorita Vargas sabe vender mejor que nadie.
3. La vecina de Luisa se dedica a prestarle dinero a la gente.
4. El señor Rodríguez sabe apagar incendios. A veces va a las escuelas para enseñar cómo prevenir los incendios.
5. La señora Borges ayuda a un médico. Cuida a los enfermos en el hospital.
6. Susana diseña páginas Web en una pequeña compañía. Sabe mucho de computación.

Tema 4

B
1. Yo me estoy bañando.
2. Mamá está preparando un almuerzo delicioso.
3. Mi hermano mayor está haciendo su cama.
4. Papá está cortando el césped.
5. Mi abuela está poniendo la mesa para el almuerzo.
6. Mi hermana menor está mirando la televisión en el sofá.

Tema 5

A
1. Ay, ¡qué lata! No puedo descansar los sábados. Tengo que levantarme muy temprano y empezar a trabajar. Tengo que hacer mi cama, arreglar la sala y pasar la aspiradora también.
2. Mi hermano Carlos también tiene mucho que hacer por la mañana. Pone la mesa y después del desayuno, lava los platos y limpia la cocina. Él tiene ganas de salir a jugar pero no puede hacerlo antes de terminar en la cocina.
3. Mi hermana mayor, Flora, sí puede salir de la casa pero no para jugar. A ella le toca cortar el césped. También tiene que limpiar los baños. No le gusta para nada.
4. Mi hermano menor Luis también ayuda en casa. Pero él tiene suerte y no tiene que hacer muchas cosas. A él solamente le toca sacar la basura.

Tema 6

B
1. —Disculpe, ¿sabe usted dónde se puede sacar dinero?
   —Sí. Hay un banco al lado del ayuntamiento.
2. —¿Adónde fuiste esta mañana?
   —Visité a mi hermano. Él trabaja en la estación de bomberos.
3. —¿Qué hiciste ayer?
   —Tuve que ir a la clínica.
4. —¿Me podría decir si la carnicería abre a las diez?
   —No estoy seguro. Creo que sí.
5. —¿Qué vas a hacer esta tarde?
   —Tengo que ir al colegio. Necesito ayuda con la tarea de matemáticas.

Tema 7

B 1. —Perdón, ¿cómo puedo llegar a la Catedral?
—Bueno, siga derecho una cuadra. Está entre la calle Padre Billini y la Avenida de los Ángeles.

2. —Perdón, ¿cómo puedo llegar al hospital?
—Bueno, siga derecho hasta el primer semáforo y doble a la derecha.

3. —Disculpe, ¿vamos bien para el supermercado?
—Sí, van bien. Hay que seguir derecho dos cuadras. Está a la derecha.

4. —Disculpe, ¿la parada de autobús está cerca de aquí?
—Sí, muy cerca. Hay que seguir derecho una cuadra más. Está en la esquina.

5. —Perdón, ¿las oficinas de Telemar están en el octavo piso?
—No, están en el sexto piso.

6. —Disculpe, ¿vamos bien para las oficinas de AeroSur?
—Sí, van bien. Están en el segundo piso.

Tema 10

B 1. Necesito darle de comer al gato antes de irme.

2. No me acordé de traer el teléfono celular.

3. Lisa, apaga el televisor antes de salir, por favor.

4. Tienes que cerrar la puerta antes de irte.

5. ¡Ay! ¡Me olvidé de traer el paraguas!

Tema 11

B 1. —¿Cómo salió el debate?
—Fue todo un fracaso.

2. —¿Qué tal estuvo la competencia de natación?
—Estuvo fatal.

3. —¿Cómo te fue en la competencia de patinaje en línea?
—Me fue muy bien.

4. —¿Cómo te fue en lucha libre?
—Muy mal, fatal.

5. —¿Qué tal estuvo la competencia de golf?
—Estuvo increíble.

6. —¿Cómo salió la competencia de atletismo?
—Fue todo un éxito.

Tema 12

B 1. A veces juego naipes con mi hermano menor cuando no hay nada interesante en la tele, pero me parece bastante aburrido.

2. Quiero aprender a tejer pero es un rollo. A mi abuela le gusta tejer y lo hace muy bien.

3. A mí me encanta hacer crucigramas, pero cuando cuido a la hija de mis vecinos, es difícil hacerlos. Ella siempre quiere salir a jugar.

4. Fuimos al café Internet y Rogelio pasó un buen rato.

Repaso de Gramática

Tema 1

B 1. Me gusta levantarme temprano todos los días.

2. Siempre nos despertamos a las siete y cuarto para hacer yoga.

3. Después del desayuno mi padre se viste para ir a trabajar.

4. Los viernes y los domingos no me entreno para el fútbol.

5. Mi madre se maquilla y se peina en su cuarto.

6. Para mantenernos en forma mi abuelo y yo corremos y nadamos.

Tema 7

B 1. Me gusta mucho caminar en el centro.

2. Ayer paseé por el parque cerca de la plaza.

3. Luego saqué dinero del banco que está cerca de la plaza.

4. Mi madre trabaja en el banco.

5. Conozco a muchos compañeros de trabajo de mi madre.

6. Después, fui con mi madre al centro comercial donde conocí a su amiga Laura.

7. Siempre vamos de compras los fines de semana.

　　(132)

8. Mi madre fue a la floristería, y le compró unas flores a su secretaria.

9. Pasé por la estación de tren, y pagué el boleto para mi viaje.

Tema 9

B **1.** Antes de salir con amigos, siempre las pinto.

2. Me los pongo después de despertarme para ver mejor.

3. La uso para cerrar la puerta antes de irme de la casa.

4. Me la pongo por las mañanas, antes de maquillarme.

Tema 12

B **1.** Hace mucho calor hoy. Marinela lleva un vestido de algodón.

2. José, debes mantenerte en forma. Ve al gimnasio y haz ejercicio todos los días.

3. Para la fiesta de Alberto, Samuel decora el comedor.

4. Beatriz, por favor, ve y abre la puerta.

5. La sala no está limpia. Marinela, no vayas al cine antes de limpiarla.

6. Después de cenar, José lava y seca los platos todos los días.

7. Samuel, no pongas la radio, por favor. Quiero descansar.

8. Beatriz estudia por la tarde y lee revistas de tiras cómicas por la noche.

Tema 13

B **1.** Todos tienen que ayudar a limpiar la oficina. Por favor, saquen la basura todos los miércoles.

2. Tenemos una reunión importante esta tarde. Si es posible, asista usted a la reunión por favor.

3. Tengo que decirles algo importante hoy. No salgan antes de hablar conmigo.

4. Al hacer la tarea, no pongas un vaso encima de la computadora.

5. ¿Va usted al cine este fin de semana? Lea el libro antes de ver la película.

Tema 14

B **1.** ¿Los libros? Los míos están en el escritorio.

2. ¿Las llaves? Mi hermana está buscando las suyas.

3. Este carro es nuestro.

4. ¿La crema? La tuya está en el baño.

5. ¿Los útiles escolares? Siempre recojo los míos cuando salgo.

6. Lupita, este impermeable es tuyo.

7. ¿La casa? No, la nuestra no es muy grande.

Answers: Part 2

Repaso de vocabulario

Tema 13

A **1.** juguetona   **4.** impaciente
2. chistosa   **5.** chismoso
3. conversador   **6.** solitaria

B **1.** era solitario y callado
2. era aventurero
3. era cariñoso
4. eran bondadosos

C **1.** Era muy callada.
2. Era tímida.
3. Era una niña paciente.
4. Era muy seria.
5. Era trabajadora.

Tema 14

A **1.** abuela   **3.** abuelos
2. tío   **4.** hermana

B **1.** cierta   **5.** falsa
2. falsa   **6.** falsa
3. cierta   **7.** falsa
4. cierta   **8.** cierta

C **1.** sobrino   **4.** hija
2. nieta   **5.** padre
3. primo   **6.** hermanas

Tema 15

A **1.** ositos   **4.** trepar
2. carreras   **5.** saltar
3. dibujos animados

B **1.** f   **3.** b   **5.** g   **7.** a
2. c   **4.** d   **6.** h   **8.** e

C **1.** C   **2.** C   **3.** F   **4.** F

Tema 16

A **1.** d   **3.** f   **5.** g   **7.** e
2. b   **4.** a   **6** h   **8.** c

B **1.** d   **2.** b   **3.** e   **4.** a   **5.** c   **6.** f

C **1.** caldo de pollo, gazpacho
2. pollo asado con gandules, bistec a la parrilla, chuleta de cerdo

    (133)

3. agua mineral, café, té

4. flan de vainilla, fresas con crema

Tema 17

A 1. cliente   4. mesero
2. cliente   5. cliente
3. mesero   6. mesero

B 1. d   2. b   3. c   4. a

C 1. a   2. d   3. e   4. c   5. b

D 1. Qué nos recomienda
2. El plato del día
3. bistec a la parrilla
4. trae dos
5. Qué tal está
6. aguada

Tema 18

A 1. recetas   4. picar
2. cucharada   5. ingredientes
3. especias

B 1. mariscos
2. jugo de limón, ajo (orégano, sal, pimienta)
3. por media hora
4. al gusto (una cucharadita)
5. se fríen en aceite de oliva

C b 1. cocido
f 2. añade
c 3. fríen
a 4. hierve
d 5. tostados
e 6. especias
    7. cortar

Tema 19

A 1. traje, corbata, cinturón, camisa, zapatos, calcetines, guantes
2. falda, blusa, bufanda, botas, sombrero, aretes, bolsa, collar

B 1. c   2. d   3. b   4. e   5. a

C 1. a   3. a   5. b   7. a
2. b   4. b   6. a   8. b

Tema 20

A 1. espejo   4. minifalda
2. etiqueta   5. pantalones
3. guantes   6. cajero

B 1. e   2. a   3. f   4. b   5. d

C 1. liquidación   5. apretados
2. espejo   6. floja

3. probadores   7. hacen juego

4. cajero

Tema 21

A 1. d   2. b   3. c   4. e   5. a

B 1. a   2. a   3. b   4. b   5. a

C 1. c   3. g   5. b   7. a
2. e   4. d   6. f

Tema 22

A 1. las montañas   3. el río
2. el desierto   4. el bosque

B 1. ilógico   4. ilógico
2. lógico   5. ilógico
3. lógico

C 1. b   2. a   3. b   4. a   5. c

D 1. hace fresco   4. granizo
2. seco   5. montaña
3. calor   6. seco

Tema 23

A 1. a   2. a   3. b   4. a   5. a   6. b

B 1. d   2. a   3. c   4. b   5. f

C 1. botones
2. oficina de turismo
3. efectivo
4. farmacia
5. taxista
6. reservación

Tema 24

A 1. a   2. c   3. e   4. d   5. b

B 1. d   2. a   3. e   4. c   5. b   6. f

C 1. Fui a la selva.
2. Hice senderismo.
3. Estaba muy húmedo
4. Fui al desierto
5. Saqué fotos.
6. Era muy árido.
7. Fui a las montañas
8. Hice camping.
9. Hacía fresco.

Repaso de gramática
Tema 16

A 1. baña; lentamente; how
2. mira; Normalmente; how often
3. secas; tan rápidamente; how
4. llegó; ayer; when
5. cenamos; casi siempre; how often

   6. hay; Aquí; where
   7. Llovió; continuamente; how
   8. está; muy lejos; where

B 1. estupendamente
  2. constantemente
  3. Desgraciadamente
  4. tranquilamente
  5. fácilmente
  6. cariñosamente
  7. correctamente
  8. lentamente
  9. amablemente
  10. inmediatamente

C 1. Ayer   6. Afortunadamente
  2. temprano 7. muy
  3. Casi   8. bien
  4. bien   9. mucho
  5. igualmente

Tema 17

A 1. c 2. b 3. b 4. b 5. a

B 1. b 3. a 5. b 7. b
  2. a 4. b 6. b 8. a

C 1. En ese almacén…
  2. …en aquellos puestos.
  3. …esas cestas…
  4. …aquellos collares?
  5. …aquella bufanda.

D 1. esta   4. este
  2. aquellas 5. este
  3. estas   6. esos

Tema 18

A 1. c 2. b 3. c 4. a 5. d 6. d

B 1. se los traigo 4. se los pido
  2. se la sirvo   5. dejársela
  3. traérmela   6. te las recomiendo

C 1. La mesera se la sirve.
  2. Héctor se lo pide.
  3. Lorena se la pide.
  4. Lorena se lo recomienda.

Tema 19

A 1. nos abrazamos
  2. se quieren
  3. Nos levantamos
  4. Nos vimos; te acuerdas
  5. os respetáis
  6. se hablan
  7. se lavaron
  8. se olvidaron

B 1. Nosotras nos ayudamos con la tarea.
  2. Mis primos se cuentan cuentos de terror.
  3. Tu papá y tu mamá se quieren mucho.
  4. Ellas se prestan los libros.
  5. Mi mamá y yo nos respetamos siempre.

C 1. Antonia y Rodrigo se quieren. (reciprocal)
  2. Paco y Lucía se hablan por teléfono. (reciprocal)
  3. La familia Burgoa se relaja. (reflexive)
  4. Irma se maquilla y Pablo se afeita. (reflexive)
  5. Hugo y Mari se pelean. (reflexive)
  6. Tía Rosa y Alberto se abrazan. (reciprocal)

Tema 20

A 1. por; para 5. por; para
  2. por; por   6. por
  3. para; por 7. para
  4. para; por 8. por

B 1. para 4. para
  2. por   5. por
  3. para

C 1. por dos semanas
  2. por la puerta principal
  3. para comprar fruta
  4. para regalárselo a mi abuela

D 1. pasó por
  2. hablaron por
  3. fue para
  4. corrí para
  5. corrío por
  6. fueron para
  7. compró por

Tema 21

A 1. más que; a
  2. tan despacio como; a
  3. la mayor; b
  4. el menos tímido; b
  5. los más divertidos; b
  6. más frecuentemente que; a
  7. las peores; b

B 1. peor
  2. tanto como

3. mejor

4. más rápidamente

5. lindísimos

C
1. El sombrero es tan caro como la camisa.

2. Los pantalones le quedan cortísimos.

3. Los zapatos son más baratos que las botas.

4. Los calcetines tienen el mejor precio.

5. La blusa le queda peor que la falda.

Tema 22

A
1. han llegado **5.** han usado

2. he abierto **6.** has escrito

3. Ha pasado **7.** he dicho

4. hemos vendido

B **1.** b **2.** a **3.** a **4.** b **5.** b **6.** a

C
1. te has hospedado

2. han ido

3. has abierto

4. he encontrado

5. hemos visto

D
1. ha hecho esquí acuático

2. ha hecho escalada deportiva

3. han visitado el castillo

4. he tomado el sol

5. hemos comprado cerámicas

Tema 23

A
1. descubriré **5.** podrá

2. serás **6.** Habrá

3. ganarán **7.** vendrán

4. eliminaremos **8.** podremos

C
1. Mis amigos harán la tarea.

2. Ustedes querrán salir.

3. Tú estarás en el café.

4. Nosotros saldremos a jugar.

5. El profesor irá a casa.

D
1. Exploraremos cuevas.

2. Iremos al desierto.

3. Haré windsurf en la playa.

4. Voy a nadar.

5. Voy a pasear en canoa.

6. Hará escalada deportiva.

Tema 24

A
1. quiso **4.** nos pusimos

2. supo **5.** quisimos

3. estuvieron **6.** supo

B **1.** c **3.** a **5.** b **7.** b

  2. b **4.** c **6.** a **8.** a

C
1. te sentiste **4.** estuvo

2. supe **5.** quisimos

3. Se pusieron

D
1. No quisieron compartir el juguete.

2. Se puso a gritar.

3. Se sintió contenta.

4. Estuvo tranquila.

Tema 25

A
1. éramos **4.** ganaba

2. íbamos **5.** echaban

3. molestaba **6.** hacíamos

B **1.** a **3.** b **5.** b **7.** a

  2. b **4.** b **6.** a **8.** a

C
1. vivíamos **4.** me acostaba

2. veían **5.** íbamos

3. solíamos

D
1. te trepabas a los árboles

2. jugaban con muñecas

3. se columpiaban

4. echaba carreras (jugaba al fútbol)

5. jugaba al escondite

6. montabais en bicicleta

Tema 26

A
1. Había **6.** probó

2. Un día **7.** sentó

3. salió **8.** entonces

4. De repente **9.** vivían

5. era

B
1. era; vivía

2. Se llamaba; gustaba

3. salió; tenía

4. oyó; se contaban

5. Había; pudo

C
1. Érase una vez

2. Un día

3. abrió, enseguida

4. se puso

5. terminó; luego

6. Así fue que

Tema 27

A
1. I; what people were generally like

2. P; a reaction

3. P; a sequence of events

4. I; background circumstances

5. P; a reaction

B 1. fue 5. puso
2. tenía 6. iban
3. parecía 7. estaba
4. hospedó

C 1. hacía 3. había
2. recorrí 4. vio

D 1. Fui a un mercado al aire libre.
2. Compré recuerdos.
3. Había mucha gente.

Tema 28

A 1. indicative 5. subjunctive
2. subjunctive 6. indicative
3. indicative 7. subjunctive
4. subjunctive 8. indicative

B 1. b 2. a 3. b 4. a

C 1. compre 4. aprenda
2. conozcan 5. nos quedemos
3. salgas

D 1. pase por la farmacia
2. tome un autobús
3. coma mariscos en La Orilla del Mar
4. lleve dinero en efectivo

Tema 29

A 1. empieces 5. vuelvas
2. busquemos 6. durmamos
3. lleguen 7. me acueste
4. saque

B 1. Te aconsejo que llegues a...
2. Te sugiero que pruebes...
3. Te recomiendo que organices...
4. Es mejor que llegues...
5. Es importante que busques...

C 1. Ojalá que juguemos al fútbol.
2. Ojalá que pueda navegar por Internet.
3. Ojalá que almorcemos en la playa.
4. Ojalá que no llueva.
5. Ojalá que me sirvan pollo.
6. Ojalá que no llegue tarde.

Tema 30

A 1. esté 4. vayamos
2. hagamos 5. conozcamos
3. demos

B 1. sepa 4. estemos
2. remen 5. seas
3. haya

C 1. Aconsejo que vayan a la piscina.
2. Aconsejo que vayamos al museo.
3. Aconsejo que vaya al lago.
4. Aconsejo que vayas al parque.
5. Aconsejo que vaya al cine.

D 1. Espero que... den una caminata.
2. Ojalá que Pablo salte en paracaídas.
3. Ojalá que saque muchas fotos (que vaya a París).
4. Espero que Nuria haga windsurf.

Scripts: Part 2

Repaso de vocabulario

Tema 13

B 1. En aquel entonces, Francisco era una persona solitaria y callada.
2. De joven, mi tío era muy aventurero. Cuando tenía dieciséis años salía con sus amigos a los ríos a pasear en kayak.
3. De niño, Gerardo era muy cariñoso. Le encantaba jugar con sus perritos.
4. Mis vecinos eran muy bondadosos. Gastaban mucho dinero en regalos de Navidad.

Tema 14

B 1. Beatriz es la hija de Federico y Olga.
2. Ricardo es el nieto de Alberto.
3. Lorenzo y Mercedes son los padres de Ana.
4. Beatriz es la tía de Carlos.
5. Olga es la madre de Ana.
6. Ana es la sobrina de Ricardo.
7. Mercedes es la abuela de Ricardo.
8. Ana es la hermana de Carlos.

Tema 15

B 1. Cuando tenía cinco años, odiaba compartir los juguetes.
2. De niño, me fascinaba jugar con bloques.
3. De pequeña, me encantaba jugar con muñecas.
4. Cuando tenía diez años, odiaba tocar el piano.
5. Odiaba jugar a las damas con mi hermano. Nos peleábamos mucho cada vez que jugábamos.

6. De pequeño, me fascinaba ver dibujos animados.

7. De pequeña, me gustaba mucho columpiarme por horas y horas. Me fascinaba.

8. Cuando tenía seis años, tenía una colección bastante grande de animales de peluche. Me fascinaba jugar con ellos y arreglarlos en mi cama.

Tema 16

B 1. Me gustan mucho las ensaladas pero hoy quiero algo diferente. Quiero una sopa fría. ¿Qué me recomiendas?

2. No quiero sopa. Me gusta mucho la carne pero no me gusta para nada el pollo. ¿Qué me recomiendas?

3. No como carne ni postres. Prefiero las verduras. ¿Qué me recomiendas?

4. Me gusta la sopa pero no me gusta el gazpacho, y tampoco me gusta el pollo. ¿Qué me recomiendas?

5. Tengo mucha hambre pero no quiero carne. Tampoco quiero comer ensaladas ni sopa. ¿Qué me recomiendas?

6. Después de la cena voy a comer más. Voy a pedir fruta para el postre. ¿Qué me recomiendas?

Tema 17

B 1. —¿Cómo se prepara el pollo asado? —Se corta un pollo entero en trozos y se le añade sal y pimienta al gusto. A veces se le añade cebolla picada o ajo picado. Se hornea el pollo lentamente por una hora y media.

2. —¿Qué nos recomienda para cenar? —Pues, la especialidad de la casa es el bistec a la parrilla con habichuelas. Se lo recomiendo.

3. —¿Qué tal está el gazpacho? —Está echado a perder.

4. —¿Qué se les ofrece? —Tráigame el pollo asado con gandules y una ensalada mixta. Y para mi hermana, la sopa de ajo y el bistec encebollado. —¿Se les ofrece algo más? —Sí, tráiganos dos cafés. Enseguida se los traigo.

Tema 18

B —Buenas tardes, amigos, y bienvenidos a la cocina de doña Pepa. ¿Qué nos va a enseñar hoy, doña Pepa?

—Hoy vamos a preparar una receta muy fácil para mariscos.

—Huele muy rico. ¿Qué ingredientes lleva?

—Aquí tengo jugo de limón, ajo, orégano, sal y pimienta. Con este jugo se cubren los mariscos por media hora.

—¿Cuánta sal se le echa?

—Se le echa sal al gusto. Yo no le echo mucha sal, una cucharadita nada más.

—¿Y cómo se cocinan los mariscos? ¿Se fríen o se hornean?

—Se fríen en aceite de oliva. Miren qué rápido es.

—¡Y saben deliciosos! Gracias, doña Pepa.

Tema 19

B 1. —Iba a comprar la camisa pero este traje me gusta más. —Te ves super bien! Además, el traje está en oferta.

2. —¿Cómo me veo con este vestido y estos calcetines? —De verdad, los calcetines no hacen juego con el vestido.

3. —¿Encontraste lo que buscabas? —Quería una falda a media pierna pero no había.

4. —No íbamos a comprar nada pero había una venta de liquidación. —¡Sí! Todos los zapatos estaban a un descuento de cincuenta por ciento.

5. Cuando vi la bufanda, sabía que la iba comprar. Me quedaba muy bien.

Tema 21

B En Santiago de Chile, uno de los mercados de artesanías más conocidos se llama los Graneros del Alba. El mercado tiene más de 200 puestos donde es posible observar a y hablar con los artesanos mientras trabajan. Allí puedes comprar artesanías tradicionales chilenas de todas partes del país. Los artesanos utilizan una variedad de materiales para hacer sus piezas: madera, piedra, cerámica, cuero, lana, cobre y plata. ¿Quieres regatear por unos collares o unas cadenas de plata? ¿Te encantan los tejidos de lana de todos los colores? Ve al mercado un sábado o un domingo, porque los fines de semana tocan música y la gente viene a bailar. Y después, no te olvides de probar una de las deliciosas empanadas que también se venden allí. Seguramente en los Graneros del Alba vas a encontrar unos recuerdos perfectos de tu viaje a Chile.

Tema 22

B 1. Está nevando. ¿Por qué no vamos al río para practicar esquí acuático esta tarde?

2. Oí en las noticias que hay un huracán muy cerca. Me parece que no debemos ir a la playa.

3. ¡Qué lindo día! Está soleado y hace viento. ¿Quieres ir conmigo a pasear en bote de vela en el lago?

4. Oí que la temperatura va a llegar a ciento cinco grados hoy y que va a estar muy húmedo. ¿Por qué no vamos a correr en el parque al mediodía?

5. ¡Mira! ¡Hay una tormenta en el desierto! ¡Cuántos relámpagos! Oye…tengo una idea. Vamos a dar una caminata por el desierto, ¿quieres?

Tema 23

B 1. —Le aconsejo que tome la autopista central. Llegaremos más rápido.
—No se preocupe, señora. Llegaremos bien al castillo.

2. —¿Me ayuda con las maletas, por favor?
—Tranquila, señora, que yo le ayudo.

3. —Me gustaría hacer una reservación.
—Cómo no. ¿Por cuántas noches la quiere?

4. —Buenas tardes. Me gustaría saber cuáles son los lugares más visitados de la ciudad.

—Pues, tenemos información acerca de nuestra ciudad aquí en nuestra guía turística.

5. —Buenas tardes. Me gustaría cambiar estos dólares a pesos.
—Cómo no. Enseguida le atiendo.

Tema 24

B 1. Hacía mucho sol. Nadé un rato y luego paseé en barco. También exploré una cueva llena de arena con mis primos.

2. Fui a un lugar bastante húmedo y con árboles muy grandes. Vi muchas plantas y pájaros de muchos colores.

3. Primero compré recuerdos en una tienda y luego fui a un cibercafé. Allí les mandé un mensaje electrónico a mis parientes en Asunción.

4. Este lugar era muy seco. Vi un cactus muy alto y también vi un coyote.

5. Me hice amiga de unas chicas simpáticas. Ellas me llevaron a un lugar fantástico. El agua caliente me relajó mucho.

6. Mis amigos y yo visitamos un parque nacional. Caminamos por tres horas y finalmente llegamos a la parte más alta donde se veía el fuego.

Repaso de gramática

Tema 17

B 1. —Me gusta este sombrero para ti.
—Yo creo que aquel sombrero es más bonito.

2. —Aquellos zapatos me parecen cómodos.
—Me parece que estas sandalias son más cómodas.

3. —Prefiero estos calcetines para mi papá.
—Me parece bien. Aquellos calcetines allá cuestan demasiado.

4. —Este collar es más feo que aquel collar en el estante.
—Tienes razón.

5. —Los precios de esta tienda son mejores que los precios de aquella tienda adonde fuimos antes.

—Tienes razón pero me gustan más las faldas de la tienda adonde fuimos antes.

6. —Voy a comprar aquella cartera de cuero. ¡Me encanta!

7. —Esta cadena de oro me gusta menos que aquella cadena de plata.
—¡Qué bueno, pues no tengo mucho dinero!

8. —Aquella figura de madera es fea.
—Estoy de acuerdo. Esta figura de cerámica es más interesante.

Tema 22

B **1.** Jorge, ¿dónde has pasado las vacaciones los últimos años?
   a. Mi hermana ha pasado mucho tiempo en la playa.
   b. Las he pasado en las montañas.

2. ¿Alguna vez has perdido alguna cosa importante?
   a. Varias veces he perdido mis llaves.
   b. Mi tío perdió un sombrero en Perú.

3. ¿Ya pagaste la cuenta?
   a. No la he pagado todavía.
   b. Mis hermanos no han traído su tarjeta de crédito.

4. ¿Has llamado a tu mamá desde el hotel?
   a. Mi mamá no está en el hotel.
   b. No la he llamado todavía. Lo haré esta tarde.

5. ¿Todavía no has ido al castillo con tu familia?
   a. Mi familia no ha ido al castillo.
   b. Sí, he ido al castillo con mi familia varias veces.

6. ¿Dónde has comido durante todo el viaje?
   a. He llevado mi comida conmigo todos los días.
   b. Ha comido en restaurantes muy caros.

Tema 24

B **1.** Cuando supo que iba a tener un hermanito se puso a gritar.

2. Cuando quisimos entrar a darle la sorpresa no pudimos abrir la puerta.

3. No quise creer la noticia del partido.

4. ¿Por qué estuviste nervioso durante la visita del profesor Pérez?

5. No quisimos ver la película porque era muy tarde.

6. Después de la fiesta me puse muy triste.

7. Cuando nuestro equipo de béisbol perdió la competencia, nos sentimos muy mal.

8. Cuando supe los resultados del examen, me puse muy contenta.

Tema 25

B **1.** Nosotros siempre estamos juntos y nunca peleamos.

2. Antes mi hermano me fastidiaba mucho cuando yo estaba con mis amigos.

3. Yo nunca quería compartir mis juguetes con él porque él siempre los rompía.

4. Nosotros mirábamos mucho la tele y nos gustaban mucho los dibujos animados.

5. Yo sacaba mejores notas que mi hermano porque él nunca hacía su tarea.

6. Mi hermano estudia más en el colegio y es mejor estudiante que antes.

7. Compartimos ropa a veces pero él es un poco más grande que yo.

8. Nos llevamos muy bien y él es mi mejor amigo.

Tema 28

B **1.** —Ay, Marta, no sé qué hacer. Mañana voy a visitar a mis primos en Argentina, y ellos esperan que yo haga muchas cosas con ellos.

2. —¿Y tú…?
—Yo no quiero pasar el día con ellos. Prefiero pasar el rato con mi tía Carmen. A las dos nos gusta hacer las mismas cosas.

3. —¿Qué quieren hacer tus primos?
—Quieren que aprenda a saltar en paracaídas con ellos. Son muy activos.

4. —¡Qué horror! Yo sé que a ti…
—A mí me da mucho miedo. Mi tía y yo preferimos ver exposiciones de arte en los museos y asistir a conciertos.

 (140)

LA CIUDAD DE MÉXICO

GEOCULTURA

A Match each letter in the map of Mexico City with the name of the place it represents.

_____ **1.** el Ángel

_____ **2.** la Catedral Metropolitana

_____ **3.** el Museo del Templo Mayor

_____ **4.** el Palacio Nacional

_____ **5.** el Zócalo

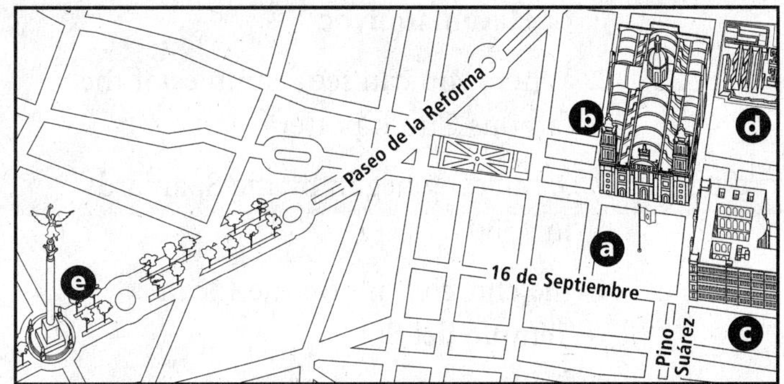

B For each clue, choose the best answer from the word box and write it in the puzzle.

1. A celebration to honor a young lady when she turns 15 years old

2. The emperor of the Aztecs when Hernán Cortés arrived

3. Large Aztec buildings, some of which were destroyed by the Spanish conquistadors

4. Famous gardens in Xochimilco, "the place of flowers"

5. An artist who paints large scenes on walls, such as *La gran Tenochtitlan*

| Moctezuma |
| guadalupana |
| muralista |
| pirámides |
| quinceañera |
| Tenochtitlan |
| chinampas |
| Frida Kahlo |

Puente: Customized Level 2 Review

(141)

CUZCO

A Match each description with the letter of the place or thing it refers to.

_____ **1.** Found in a wall in the Incan palace of **Hatunrumiyoc**

_____ **2.** Where you can see examples of the famous Cuzco pottery

_____ **3.** A building begun by the Spaniards in 1560

_____ **4.** the church built on the Incan **Templo del Sol**

_____ **5.** The heart of both old and modern Cuzco

B Use the clues to help you unscramble the words in Spanish. Some letters have been done for you.

1. A sacred Incan place of worship, which the Spaniards turned into a church

2. Hand-made crafts, one of the bases of Cuzco's economy

3. Something sold by Quechuans, made from wool and fibers

4. An animal whose wool is used to make textiles

5. The disaster that destroyed much of Cuzco's art in 1650

1. M E T P O L   E D L   L O S

		P										

2. S T E Í N A R A S A

	R							A

3. E J T I O D S

4. U C V A Ñ I

5. R T E E T O O M R

		R		M			

SANTO DOMINGO

GEOCULTURA

A Match each letter in the map of Santo Domingo with the name of the place it represents.

_______ **1.** la Fortaleza Ozama

_______ **2.** el Alcázar de Colón

_______ **3.** la Catedral Primada

_______ **4.** la estatua de Enriquillo

_______ **5.** el Obelisco Macho

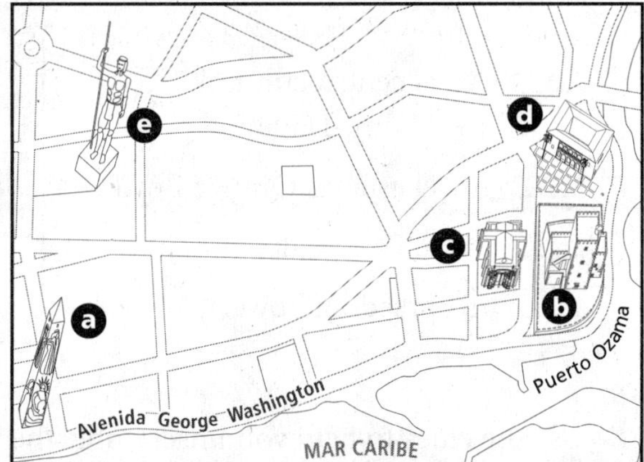

B For each clue below, choose the best answer from the word box and write it in the puzzle.

1. Juan Pablo Duarte's goal in his struggle against Haiti

2. The groups whose culture and art are preserved in the Museo del Hombre Dominicano

3. A native leader who fought against the European explorers

4. What Columbus called the island of Haiti and the Dominican Republic

5. The name of the oldest military fortress of the Americas

Macho
Ozama
trinitaria
Hispaniola
Enriquillo
indígenas
liberación
cristalina

MIAMI

A Match each letter in the map of Miami with the name of the place it represents.

_____ 1. Hispanic Branch Library

_____ 2. el centro cultural Miami-Dade

_____ 3. el estadio Orange Bowl

_____ 4. el Parque del Dominó

_____ 5. Freedom Tower

B Use the clues to help you unscramble the words in Spanish. Some letters have been done for you.

1. The place that was founded after Julia Tuttle convinced Henry Flagler to extend his railway there

2. The place where many residents of Little Havana gather to play dominos

3. The theater in Miami with an "atmospheric style" of clouds and stars

4. The name of one of the most famous Hispanic festivals in the United States

5. The neighborhood in Miami where many Cubans live

1. I I M A M

2. Q U E P R A   E D L

    N Ó M O D I

3. Y P M I L O A

4. L E C A L   C O H O

5. Q U E E Ñ P A   N A H B A A

SAN JOSÉ

GEOCULTURA

A Match each description with the letter of the place it refers to.

_____ **1.** Where the Costa Rican National Symphony plays

_____ **2.** Manufactured in Belgium and brought to Costa Rica in 1896

_____ **3.** Here you find a monument to a Costa Rican military victory

_____ **4.** This place has all kinds of exhibits for children

_____ **5.** Visitors here can learn about butterflies and the environment

B For each clue, choose the best answer from the word box and write it in the puzzle.

1. The theater inspired by the Paris Opera House: **El Teatro**

____

2. The means of transport originally used to carry coffee in Costa Rica

3. The pedestrian zone where vehicles are not allowed: **La Avenida**

____

4. An insect protected in the Garden of Spirogyra

5. These are found in the mountains surrounding the Valle Central

SEGOVIA

A Match each letter in the map of Segovia with the name of the place it represents.

_____ **1.** Puerta San Andrés

_____ **2.** La Casa de la Moneda

_____ **3.** La Torre de Hércules

_____ **4.** La catedral de Segovia

_____ **5.** El Alcázar de Segovia

B Use the clues to help you unscramble the words in Spanish. Some letters have been done for you.

1. The means of transportation most used for travel between Madrid and Segovia

2. A Roman system of transporting water, an example of which still stands in Segovia

3. Housing typically found above the stores and restaurants in buildings throughout Spain

4. The nickname of the king of León y Castilla, Alfonso VI

5. The mountain range which forms the southern boundary of Segovia

1. N E R T

2. U O U D C A T C E — _ C _ _ _ _ _ _ _

3. P R A N A T M E S A T O — A _ _ _ _ _ _ N _ _ _

4. L E R V A O B

5. M D R U R A A G A A — G _ _ _ _ _ _ M _ _

SAN JUAN

GEOCULTURA

A Match each description with the letter of the place it refers to.

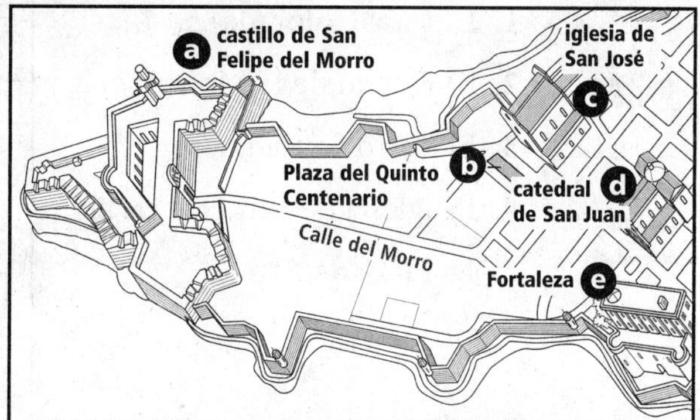

_____ **1.** A good example of 16th-century Spanish Gothic architecture

_____ **2.** A very important building begun in 1521

_____ **3.** Official residence of the governor of Puerto Rico

_____ **4.** Commemorates the 500th anniversary of Columbus's arrival

_____ **5.** 16th-century Spanish fortress

B For each clue, choose the best answer from the word box and write it in the puzzle.

1. The _________________ de San Cristóbal in San Juan is a good example of military architecture from the Baroque era

2. In Old San Juan, these are made of bluish cobblestones.

3. The name of people indigenous to Puerto Rico whose artifacts can be found in the Casa Blanca Museum

4. This statue commemorates the arrival of Spanish explorers to Puerto Rico.

5. A famous fortress built in the 16th century to protect against invaders such as Sir Francis Drake

| taínos |
| el Capitolio |
| castillo |
| Cristóbal Colón |
| muros |
| El Morro |
| calles |
| Casals |

SANTIAGO

GEOCULTURA

A Match each letter in the map of Santiago with the name of the place it represents.

_____ **1.** La Casa Colorada

_____ **2.** El Palacio de la Moneda

_____ **3.** El Cerro Santa Lucía

_____ **4.** La iglesia de San Francisco

_____ **5.** La Plaza de Armas

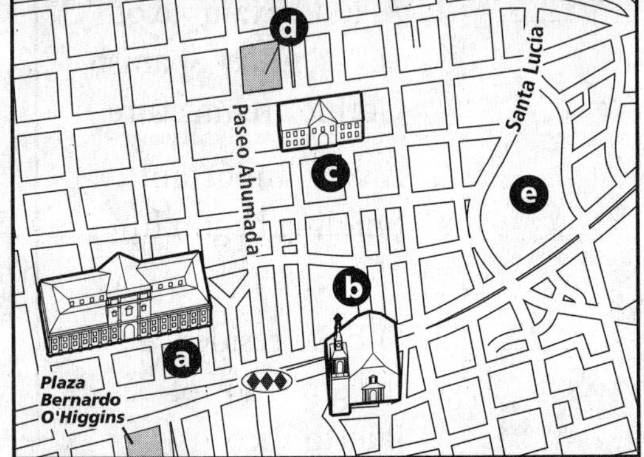

B Use the clues to help you unscramble the words in Spanish. Some letters have been done for you.

1. A church that is the oldest building in Santiago

2. A colonial building that now houses the Santiago Museum: **la Casa**

____

3. A river that begins in the Andes and crosses Santiago, and which is also the name of a cultural center

4. A building that has been used as the Presidential Palace since 1846 and has survived several earthquakes: **la Casa de** _________________

5. A means of transport above Santiago, from the Cerro San Cristóbal to the Metropolitan Park

1. A S N   A R N S F O I C C
[ ][ ][ ] [ ][ ][ ][**N**][ ][ ][ ][**O**]

2. A O O A R C D L
[ ][**L**][**R**][ ][ ][ ]

3. O H C A M P O
[**M**][ ][ ][ ][**H**][ ]

4. A L   A D E M N O
[ ][ ] [ ][ ][ ][**D**][ ]

5. R C I E O T L É F E
[**T**][ ][ ][**F**][ ][ ][ ][ ]

(148)

EL PASO

A Match each description with the letter of the place it refers to.

_____ **1.** El Paso's largest employer

_____ **2.** The biggest desert park in the United States

_____ **3.** More than 55 million people use these every year

_____ **4.** Has distinctive Bhutanese architecture

_____ **5.** Pancho Villa slept here

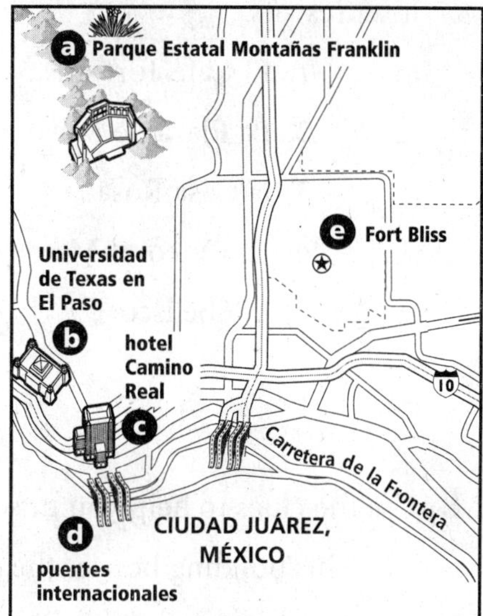

B For each clue below, choose the best answer from the word box and write it in the puzzle.

1. The vehicles that carry goods between El Paso and Ciudad Juárez

2. One of El Paso County crops used to make clothing

3. Five of these link El Paso and Ciudad Juárez

4. This international festival celebrates the Golden Age of Spanish theater

5. This chapel is an outstanding example of colonial adobe architecture

San Elceario
algodón
camiones
¡Viva! El Paso
barcos
chiles
puentes
Siglo de Oro
Misión Ysleta

BUENOS AIRES

A Match each letter in the map of Buenos Aires with the name of the place or area it represents.

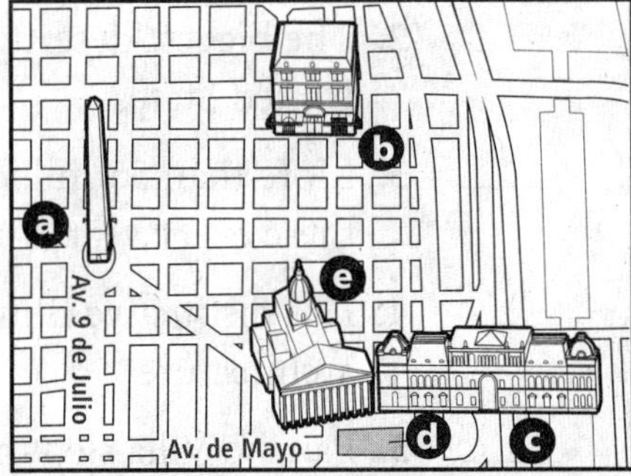

_____ **1.** El Café Tortoni

_____ **2.** La Plaza de Mayo

_____ **3.** la Casa Rosada

_____ **4.** La Catedral Metropolitana

_____ **5.** El obelisco

B Use the clues to help you unscramble the words in Spanish.

1. This building houses the office of Argentina's president

2. An estuary where the Paraná and Uruguay rivers mix with the salt water of the Atlantic Ocean

3. A tall, white structure known as the symbol of Buenos Aires

4. The most famous singer of tango

5. A street in Buenos Aires where one can buy leather goods, clothing, books, and much more

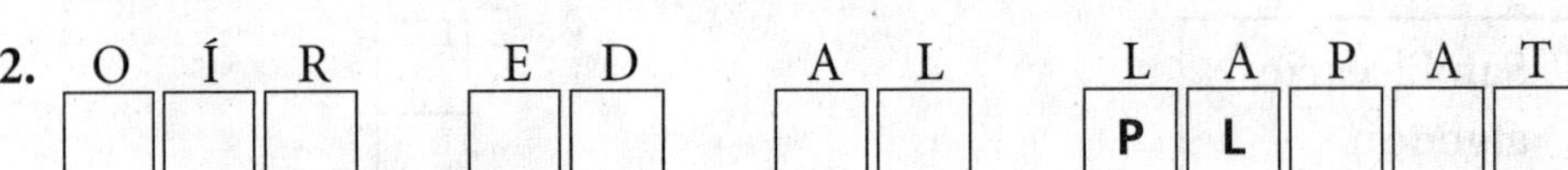

1. S A C A   R O D S A A
⬜ ⬜ ⬜ ⬜   ⬜ ⬜ ⬜ ⬜ **D** ⬜

2. O Í R   E D   A L   L A P A T
⬜ ⬜ ⬜   ⬜ ⬜   ⬜ ⬜   **P** **L** ⬜ ⬜ ⬜

3. L S O O C B E I
⬜ ⬜ ⬜ ⬜   **S** **C** ⬜

4. C R O L A S   D E L G R A
⬜ **R** ⬜ ⬜ ⬜   ⬜ ⬜ **D** ⬜ **L**

5. A D L O R I F
⬜ ⬜ **O** ⬜ **I** ⬜ ⬜

Ciudad de México

A.
1. e
2. b
3. d
4. c
5. a

B.
1. quinceañera
2. Moctezuma
3. pirámides
4. chinampas
5. muralista

Cuzco

A.
1. c
2. e
3. a
4. b
5. d

B.
1. Templo del Sol
2. artesanías
3. tejidos
4. vicuña
5. terremoto

Santo Domingo

A.
1. b
2. d
3. c
4. e
5. a

B.
1. liberación
2. indígenas
3. Enriquillo
4. Hispaniola
5. Ozama

Miami

A.
1. d
2. b
3. c
4. e
5. a

B.
1. Miami
2. Parque del Dominó
3. Olympia
4. Calle Ocho
5. Pequeña Habana

San José

A.
1. d
2. c
3. e
4. b
5. a

B.
1. Nacional
2. carretas
3. Central
4. mariposa
5. volcanes

Segovia

A.
1. b
2. d
3. e
4. a
5. c

B.
1. tren
2. acueducto
3. apartamentos
4. El Bravo
5. Guadarrama

San Juan

A.
1. c
2. d
3. e
4. b
5. a

B.
1. castillo
2. calles
3. taínos
4. Cristóbal Colón
5. El Morro

Santiago

A.
1. c
2. a
3. e
4. b
5. d

B.
1. San Francisco
2. Colorada
3. Mapocho
4. la Moneda
5. teleférico

El Paso

A.
1. e
2. a
3. d
4. b
5. c

B.
1. camiones
2. algodón
3. puentes
4. Siglo de Oro
5. San Elceario

Buenos Aires

A.
1. b
2. d
3. c
4. e
5. a

B.
1. Casa Rosada
2. Río de la Plata
3. obelisco
4. Carlos Gardel
5. Florida